QUE SAIS-JE ?

Le communisme

ALEXANDRE ADLER
Ancien élève de l'ENS
Ancien directeur des études du Collège interarmées de défense
Directeur éditorial du *Courrier international*
et éditorialiste associé au journal *Le Monde*

ISBN 2 13 051451 0

Dépôt légal — 1re édition : 2001, mars

6, avenue Reille, 75014 Paris

Chapitre I

NAISSANCE ET DÉVELOPPEMENT

L'histoire du communisme a longtemps été présentée, notamment dans la phase la plus intense de l'affrontement des deux blocs, comme celle d'une nécessité implacable. Ici, la dialectique hégélienne et l'imprégnation du XXe siècle par les philosophies déterministes du XIXe ont servi à montrer comment se construisait, parfois depuis la Révolution française, certainement depuis la Commune de Paris, en tout cas depuis l'œuvre de Marx et d'Engels, un affrontement entre le travail salarié et le capital, entre les « damnés de la terre », ouvriers, paysans, peuples du Tiers Monde comme travailleurs des métropoles du capitalisme, et les classes dirigeantes de l'ancien monde, féodales et bourgeoises, unifiées par le capitalisme mondial. Cet affrontement aurait entraîné une guerre civile mondiale généralisée, avec deux camps de mieux en mieux définis, jusqu'au point culminant que représenteraient la Seconde Guerre mondiale et la révolution chinoise de 1949.

Une telle précision dans la répétition de lois historiques, souvent qualifiées de fer ou d'airain (une expression de Ferdinand Lasalle que n'aimait guère Karl Marx), ne correspond guère au regard rétrospectif que les historiens, naturellement sceptiques, lancent sur ce passé. En particulier, la discipline intellectuelle que recommandait Musil dans *L'homme sans qualités,* voir toujours l'histoire comme régie par « un principe de raison insuffisante », devra nous guider ici.

La naissance et le développement du mouvement communiste présentent une caractéristique très originale par rapport à sa devancière immédiate, la social-démocratie : loin d'être le fruit d'évolutions assez lentes et décentralisées à l'échelle du continent européen, comme l'avait été la social-démocratie européenne, qui se dota d'une structure internationale en 1889 après dix bonnes années de progressions inégales dans différents pays, et des histoires nationales déjà bien distinctes, nous avons dans le cas du communisme un acte de naissance unique d'une théâtralité extraordinaire : la révolution russe d'Octobre (novembre 1917).

Auparavant, pour reprendre une terminologie chrétienne qui n'est jamais si loin dans le cas du communisme, nous avons les Annonciations que sont les conférences de Zimmerwald, en 1915, et Kienthal, en 1916, regroupement des noyaux socialistes européens opposés à la « guerre impérialiste », opéré par trois dirigeants de premier plan qu'on surnomme encore « les trois L », Rosa Luxemburg, Lénine, Karl Liebknecht, c'est-à-dire une alliance de révolutionnaires essentiellement centre-européens et russes, pour transformer, selon l'expression du manifeste de la Gauche de Zimmerwald, « la guerre européenne en guerre civile mondiale ». Bientôt, nous aurions un fondateur unique, Lénine, dont se réclament uniment tous les mouvements communistes, à partir d'un acte de naissance non moins unique, la révolution russe ; non plus la réunification du divers sociologique du mouvement ouvrier européen, mais bien le déploiement stratégique d'une armée révolutionnaire à partir de l'unité d'une visée et d'une pensée, celles de Vladimir Ilitch Lénine.

Cette autodéfinition du mouvement communiste appelle deux remarques : elle est phénoménologiquement exacte. Le mouvement communiste ne naît pas, à la différence de la IIe Internationale ni même de la Ire, de l'union d'hommes aussi différents que Bakounine, Mazzini et Marx dans une tentative largement artisanale, mais de la volonté d'un « groupe dirigeant » (l'expression est de l'Italien Palmiro Togliatti), essentiellement russe, regroupé autour de Lénine, puis du ralliement à cette volonté d'avant-gardes constituées dans différents pays européens, qui ensuite, par cercles successifs, atteignent très vite jusqu'à la Chine et aux États-Unis les frontières les plus éloignées du monde capitaliste.

Mais cette vision est aussi une vision apologétique, celle que le mouvement communiste a projetée de lui-même, c'est-à-dire celle d'un mouvement centralisé qui trouvait dans sa naissance unitaire le prétexte à une organisation disciplinaire hiérarchique et extraordinairement contraignante pour tous les partis qui adhéraient à l'Internationale communiste et qui se reconnaissaient dès lors comme de simples sections d'un parti mondial.

Qu'en pense l'historien ? Tout d'abord que Lénine fut, pendant une longue période de sa vie, un militant sans état d'âme de la IIe Internationale ; il assista à tous ses congrès après 1902 et admirait presque aveuglément August Bebel, le leader historique de la social-démocratie allemande ; ensuite que sa conception même de la révolution russe a connu, comme l'a montré l'historien russe Mikhaïl Gefter, plusieurs états successifs : en particulier, le Lénine de 1905 était loin d'être aussi radical dans ses visées stratégiques qu'il ne le deviendra en 1917, après trois ans de guerre mondiale ; il eut des faiblesses pour l'idée d'une coopération entre une Russie et une Europe inégalement développées, et la « dictature démocratique du prolétariat et de la paysannerie » qu'il prône alors est sensiblement plus modérée que la « dictature du prolétariat » de 1917. En somme, le Lénine de 1907-1908, qui réunifie sa fraction dite majoritaire (les « bolcheviks ») avec les réformistes « minoritaires » (les « mencheviks ») dans un grand parti social-démocrate russe réunifié, n'en est pas encore venu à la conception de cette Internationale communiste, armée disciplinée du prolétariat mondial dirigée depuis un centre unique. Enfin, qu'il ne concevra l'idée même de localiser ce centre en Russie que fort tard, lorsque la mort tragique de Rosa Luxemburg et Karl Liebknecht, au début de 1919, l'eut convaincu que la révolution allemande ne serait pas immédiate.

Aussi a-t-on forcé *a posteriori* l'opposition entre les bolcheviks et les autres socialistes européens avant 1914. Parmi les exemples du principe de raison insuffisante, on pourrait ainsi considérer la situation suivante : si des expériences réformistes durables avaient pu s'instaurer à cette période, notamment en France et en Allemagne, autrement dit si la guerre de 1914 avait été évitée de part et d'autre du Rhin, que Jaurès, allié à Joseph Caillaux en politique étrangère, fût devenu l'inspirateur d'un bloc des gauches rénové en 1914, que la social-démocratie allemande eût de son côté réussi à forcer les portes de la démocratisation de l'Empire après une crise politique prolongée et une alliance avec les partis libéraux, ce vers quoi elle s'orientait naturellement après avoir gagné les élections au Reichstag de 1912, il est peu probable que Lénine de son côté ait conçu l'idée d'un dépassement révolutionnaire de la IIe Internationale. Il aurait sans doute tenté d'insérer bolcheviks et mencheviks, une nouvelle fois réunifiés, dans une stratégie d'alliance avec des mouvements paysans en Russie, et probablement pas dans une subversion aussi radicale de l'ordre ancien.

Alors, que s'est-il passé ? Quelle force éruptive a pu produire cette mutation catastrophique de la social-démocratie russe, au sens quasi biologique du terme (rupture brusque entraînant un bouleversement irréversible de la structure interne), puisque la social-démocratie européenne, avec Jaurès, Bebel, Turati et les travaillistes anglais, n'évoluait pas du tout au début de ce siècle dans le sens d'une montée aux extrêmes révolutionnaires ? Quatre événements majeurs sont sans doute la cause fondamentale de cette transformation du marxisme en léninisme et de la scission définitive du mouvement socialiste entre social-démocratie et communisme.

1 / Le premier est l'inadaptation d'un modèle de parti et d'organisation, la social-démocratie allemande, aux données nouvelles de la réalité économique mondiale au début de ce siècle. La social-démocratie allemande, en effet, est essentiellement une organisation politique de défense de la classe ouvrière, née dans une période de dépression prolongée de l'économie mondiale qui commence en 1873 et s'achève en 1896. La grande dépression de la fin du XIXe siècle a, par certains aspects, façonné entièrement les structures politico-sociales du XXe siècle jusqu'en 1945. La baisse prolongée des prix agricoles, souvent des prix industriels, l'exode rural et la cartellisation des économies à l'abri de fortes barrières protectionnistes, ont affaibli considérablement les bases doctrinales du libéralisme et provoqué, dans les campagnes d'Europe centrale en particulier, un rejet des villes et de la modernité. Dans les grandes agglomérations industrielles, au contraire, le maintien du salaire nominal ouvrier et la défense victorieuse du travail qualifié organisé ont scellé l'alliance du socialisme et du parlementarisme, tandis que les syndicats s'affaiblissaient au profit de l'organisation politique proprement dite, qui gérait, de Londres à Berlin et de Vienne à Paris, au profit de la démocratie ouvrière, la rareté relative du travail qualifié. La social-démocratie réformiste était née d'une défensive victorieuse pendant la période de Grande Dépression.

Avec la reprise d'une forte croissance industrielle, et l'extension du capitalisme dans les campagnes au début du siècle, ce modèle politico-social n'est plus tout à fait en prise sur une réalité plus contrastée, plus violente, mais aussi plus prometteuse de progrès immédiats pour la classe ouvrière.

En France, le syndicalisme révolutionnaire de la CGT rompt avec le modèle socialiste essentiellement parlementaire de la SFIO. En Italie, les tenants d'un programme maximaliste, s'inspirant du syndicalisme révolutionnaire français et des idées de Georges Sorel, vont petit à petit submerger les marxistes classiques et réformistes au sein du PSI au nom d'une philosophie de la volonté et de l'action directe. En Allemagne, où la social-démocratie est bien trop puissante pour être remise en cause avec cette radicalité, nous assisterons néanmoins à la naissance, à l'intérieur de celle-ci, d'une contestation de gauche essentiellement animée par Rosa Luxemburg, qui dénonce l'inertie du parti et appelle à la grève de masse, fondée sur l'autonomie des syndicats. En Espagne enfin, le parti socialiste ne parvient jamais à surclasser la force de conviction du mouvement anarchiste.

Par ailleurs, intimidée par la poussée de son aile gauche, la social-démocratie européenne recule, dans son alliance avec la gauche libérale, de peur de sembler trahir ses idéaux, et perd par là même sa capacité d'influence sur le champ politique institutionnel : en Allemagne, Karl Kautsky réfute sèchement la nouvelle stratégie « révisionniste » d'Eduard Bernstein qui, par une alliance explicite avec les partis libéraux, eût abouti à ce que le grand sociologue démocrate Max Weber avait appelé de ses vœux sous le nom de « parlementarisation de la vie politique » ; en France, Jaurès sauve l'unité des socialistes au prix d'un renoncement provisoire à ce magistère moral qu'il exerçait jusqu'alors au cœur du parti radical ; en Angleterre, les intellectuels fabiens qui avaient participé au ministère libéral se rallient à leur tour à la notion de parti travailliste indépendant. Cette rupture du cordon ombilical avec le « libéralisme bourgeois », entre 1905 et 1910, entraîne aussi une perte d'influence politique du courant socialiste, et aussi, parallèlement, un assèchement culturel : ces années d'effervescence esthétique et intellectuelle sont marquées par un repli sur le réalisme naturaliste, celui d'Émile Zola, Gerhardt Hauptmann ou Maxime Gorki, qui sont l'analogue esthétique du repli identitaire du socialisme européen. La créativité se retrouve plus à gauche, dans le semi-anarchisme de grands artistes, ou plus à droite, dans le libéralisme philosophique rénové de Bertrand Russell, de Schumpeter ou de Freud.

Ce refus du pouvoir et du « gai savoir » que Max Weber, retournant comme un gant le terme nietzschéen, va définir comme la « volonté d'impuissance » du socialisme européen, est générateur d'une crise latente, profonde, qui prend dans chaque pays des couleurs particulières : en France, l' « hervéisme », c'est-à-dire le pacifisme intégral de Gustave Hervé, par ailleurs agent provocateur de la police, et l'anarcho-syndicalisme de la CGT d'une part, et le départ des lieutenants de Jaurès pour le radicalisme d'autre part. En Italie, le maximalisme, dont Benito Mussolini est alors le tribun ; en Angleterre, le *new trade-unionism,* forme insulaire du syndicalisme révolutionnaire. En Allemagne, le luxemburgisme...

Bref, la social-démocratie européenne, parvenue à une croisée des chemins, n'a pas pris la mesure de la nouvelle société. Cette difficulté d'adaptation l'oblige à choisir entre une droite et une gauche, et elle s'y refuse. Kautsky est le théoricien de cet immobilisme, d'ailleurs fondé sur l'idée de lois immanentes de l'économie qui sont censées seules accomplir le travail de l'histoire. Un de ses articles les plus célèbres, « L'ultra-impérialisme », de 1913, explique que le degré d'interpénétration des intérêts capitalistes entre l'Angleterre, l'Allemagne et même la France, exclut à ce jour toute possibilité d'une grande guerre européenne. C'est malheureusement le testament de cette social-démocratie de la « Belle Époque » : immobilisme stratégique et prétention doctrinale. Le mouvement communiste ouest-européen, né de 1914, établira ainsi son acte d'accusation : le mouvement social-démocrate n'a ni dégénéré par sa gauche syndicaliste, ni même été trahi par sa droite parlementaire, mais s'est plutôt tassé sous le poids d'un centre bureaucratique, idéocratique et incertain, celui de Jules Guesde, de Kautsky et des mencheviks russes.

2 / En deuxième lieu, on peut étudier les conditions propres à l'importation du socialisme en Russie. La Russie s'est nourrie abondamment et avidement du socialisme de l'Europe de l'Ouest, à peine celui-ci était-il né.

L'aristocratie révoltée et la petite bureaucratie russes ont toujours considéré avec faveur une critique du libéralisme européen. Pouchkine prétendait que les ouvriers anglais étaient plus pauvres que les paysans russes. Le capitalisme a rempli les intellectuels russes d'horreur. Ceux-ci lui ont opposé d'emblée les disciplines collectives issues de la civilisation paysanne russe comme étant moralement supérieures, reprenant ainsi les idées slavophiles romantiques du début du XIXe siècle mais sous une forme de gauche qui a fait bon ménage avec le socialisme.

Marx fut traduit instantanément en russe. À la fin de sa vie, ce dernier avait retourné la politesse en apprenant lui-même frénétiquement le russe (ainsi que les mathématiques avancées), fasciné qu'il était tant par l'économétrie de Walras que par la progression rapide de ses idées en Russie, d'ailleurs sur la base de contresens d'interprétation puisque les premiers marxistes russes sont tous des tenants d'un socialisme paysan et populiste, lequel dispenserait à leurs yeux leur pays des « horreurs » de la révolution industrielle.

Les mutations décisives à l'avènement d'une nouvelle doctrine communiste, si on les survole sur un demi-siècle, sont ainsi opérées assez tôt, à l'insu des principaux protagonistes de la révolution d'Octobre ; le marxisme en Russie n'est pas une théorie de l'organisation des ouvriers mais de la révolution inévitable. Et Marx lui-même, par quelques phrases de politesse à ses faux disciples populistes qui connaissaient souvent les prisons et pour lesquels il avait une grande estime personnelle, aura engagé le début de cette mutation. Les premiers marxistes russes voyaient dans ces déclarations la justification d'un socialisme original, qui permettrait au peuple russe de faire l'économie de l'industrialisation et de passer directement à un socialisme de type supérieur, lequel maintiendrait paradoxalement les vertus de l'ancien *mir,* la communauté paysanne traditionnelle, en voie de dissolution avec l'introduction du capitalisme dans les campagnes.

Éloge de la communauté paysanne et nostalgie du passé font donc bon ménage dans le populisme russe avec l'importation du vocabulaire marxiste et l'admiration pour le socialisme européen. D'une certaine manière, pour les Russes, ce socialisme européen est à la fois une critique en acte du capitalisme mais aussi presque un aveu de la supériorité de la dimension communautaire de la vie russe. Ce malentendu durable donnera lieu à des développements beaucoup plus comiques et beaucoup plus nombreux à la grande époque des voyages d'André Gide ou des époux Webb, d'Intourist et de la soviétophilie ambulatoire. Il est déjà présent à l'origine, au berceau même du socialisme russe.

Certes, la Vulgate nous explique que ce populisme a été réfuté et que Lénine a exposé, dès ses premières œuvres (notamment *Le développement du capitalisme en Russie*), une doctrine en rupture profonde avec lui. Cela est à la fois vrai et faux. Vrai en ce sens que Grigori Plekhanov, qui faisait partie, à l'origine, de l'aile la plus extrême du populisme russe, a ensuite opéré dans l'exil genevois une conversion totale au profit d'un marxisme orthodoxe parfois sans nuance et revendiquant hautement, pour les ouvriers de l'industrie qui commencent alors à apparaître, le rôle moteur dans la révolution à venir. Faux, dans ce sens que Plekhanov lui-même, et surtout Lénine, son meilleur disciple, s'ils acceptent la critique des populistes en refusant de mettre désormais l'accent sur la paysannerie, restent profondément convaincus que la spécificité russe oblige le socialisme européen à transformer son organisation, et bien davantage encore.

À cet égard le grand débat autour du manifeste *Que faire ?* de Lénine, en 1902, dont l'intitulé reprend le titre du roman initiatique du populiste Tchernitchevsky, aboutit-il à la scission immédiate du parti social-démocrate en gestation sur des problèmes qui ne sont qu'apparemment d'organisation. En réalité, l'intervention de Lénine (soutenu un temps par Plekhanov) n'est qu'un long plaidoyer pour maintenir en fait les traditions conspiratives révolutionnaires du populisme dans le mouvement socialiste ouvrier russe. Ces organisations conspiratives terroristes sont du type de celle dont faisait partie le frère aîné de Lénine, Alexandre Oulianov, pendu au début du règne du tsar Alexandre III. Et de la même manière que Lénine a voulu se venger personnellement de la dynastie des Romanov à travers un vaste bouleversement social de la Russie, il a de même organisé le maintien, dans le parti social-démocrate russe, tout en se réclamant de la social-démocratie allemande sur le plan programmatique, des traditions conspiratives purement russes. Aussi le « parti d'avant-garde » auquel il préside, les bolcheviks, va-t-il représenter avant 1914, dans toutes les phases sinueuses de son histoire, une organisation totalement étrangère à l'histoire du mouvement socialiste européen qui, partout, a lutté pour sortir de l'illégalité et imposer ainsi aux classes dirigeantes de la société un mode d'organisation fondé sur l'extension des libertés publiques.

Lénine, au contraire, pense à une organisation conspirative, resserrée, disciplinée, militarisée qui, certes, appartient tragiquement à ses yeux pour une part à l'ordre ancien dans son horreur, mais aussi un passage nécessaire, initiatique et d'une haute valeur morale, vers l'ordre supérieur de la société révolutionnaire. La clandestinité est imposée par le tsarisme, mais, alors que Trotsky et les mencheviks n'y voient qu'un malheur provisoire dont on se prépare à sortir, Lénine en fait la bénédiction d'une épreuve assumée qui trempe la pureté révolutionnaire. La divergence sur le mode d'organisation du parti est en fait indissolublement liée à la question du jugement porté sur la société russe. Elle introduit un éclatement de la social-démocratie au moment même de sa fondation.

Pour les mencheviks, et Plekhanov les rejoindra en définitive, la société russe étant en voie de démocratisation, le parti lui-même doit épouser cette démocratisation capitaliste progressive. Pour Lénine, au contraire, l'affrontement, la polarisation et la clandestinité ne sont que le constat d'une société encore féodale et violente qui adopte le capitalisme sans s'adoucir pour autant ; il faudra l'abattre par les moyens les plus extrêmes. Transférez ce constat à l'Europe entière, et vous avez la scission communiste du mouvement socialiste entre 1917 et 1920.

3 / Le troisième élément de cette mutation catastrophique, à laquelle Lénine procède d'abord dans le cadre

de cette société russe, mais bientôt à l'échelle de l'Europe entière, bouleversée par la guerre mondiale, est le caractère plutôt « adémocratique » qu'antidémocratique du mouvement socialiste. Le socialisme de Marx n'a jamais eu partie liée avec des conceptions franchement terroristes. Marx lui-même, lorsqu'il était un jeune homme influencé par le dramaturge Georg Büchner, thuriféraire de Danton, a dénoncé la terreur robespierriste dans des termes peu élégants. La Commune de Paris lui a inspiré des idées tout à fait sensées, mais tout à fait critiques, et s'il l'a embrassée en totalité dans sa célèbre *Guerre civile en France,* c'est qu'elle était morte et désormais martyre ; il s'agissait surtout d'empêcher Bakounine et les anarchistes d'en récupérer l'héritage.

Marx, en fait, son choix d'habiter en Angleterre le montre assez, a considéré que les sociétés capitalistes les plus avancées étaient naturellement parlementaires et libérales et que le socialisme européen ne pouvait pas se situer en deçà de cet acquis : c'est le fond de sa controverse parfois obscure avec son ancien disciple Ferdinand Lasalle, qui joue trop souvent avec Bismarck contre les libéraux allemands. Mais, en même temps, toute la pensée de Marx vise à éviter cette question du droit, de l'État et des libertés publiques comme secondaire. Il ne voudra jamais reconnaître le caractère fondamental et indépassable du pluralisme politique, et Kautsky, marxiste orthodoxe mais de tendance démocratique, dira d'ailleurs, au début des années 1920, lorsqu'il s'efforcera de se faire le théoricien de la République de Weimar, qu'il faudrait ajouter un autre volume au *Capital* et opérer pour les théories politiques classiques des Lumières (Montesquieu, Rousseau, Locke) le même travail que Marx avait consenti pour les théoriciens de l'économie politique classique, c'est-à-dire refonder une doctrine politique du socialisme qui serait une doctrine démocratique.

C'était là une intention louable et que des intellectuels tels qu'Otto Bauer, Max Adler ou Hans Kelsen à Vienne, avec l'austro-marxisme, se sont appliqués à construire dans les années 1920. Mais bien tard.

Avant 1914, la social-démocratie européenne vivait dans deux langages, deux cultures et une hésitation réelle. Elle n'est pas antidémocratique, elle accepte même un assez haut degré de tolérance et de libre discussion dans son propre sein. Elle est plutôt une organisation ouverte sur le monde extérieur et ne montre aucune tendance à l'ostracisme artistique et culturel.

Mais en même temps, cette social-démocratie entretient à dessein le culte de la révolution. Seul Jaurès, là encore, aura l'instinct dans son « Histoire socialiste » de réhabiliter les Girondins, après Lamartine et Michelet, et ainsi de prendre ses distances avec Robespierre et le jacobinisme. Mais il ne sera guère suivi. L'« adémocratisme » socialiste de la Belle Époque peut ainsi laisser la place à des doctrines autoritaires et de plus en plus « prométhéennes », inspirées par Nietzsche, qui commencent à se développer aussi en économie puis en politique : la volonté des hommes permettra d'instaurer un recours au déterminisme historique. Ainsi s'impose l'idée selon laquelle des concentrations de forces économiques de plus en plus grandes, les cartels, sont en train d'abolir l'économie de marché et ses cycles et forment comme l'antichambre du socialisme, c'est-à-dire d'une planification et d'une gestion d'ensemble de l'économie. Ces idées sont bien en train d'éroder la confiance des masses ouvrières et des cadres socialistes dans les mécanismes de la démocratie, comme elles corrodent de la même manière la confiance des classes moyennes dans l'arbitrage parlementaire et la liberté des sujets économiques (Hayek).

4 / Évidemment, le quatrième facteur catastrophique, celui qui précipite les trois évolutions parallèles précé-

dentes, c'est la guerre de 1914 elle-même, sa préparation comme son développement. La réapparition des grandes guerres et des opérations militaires sur une échelle agrandie à partir du début du siècle, puis en 1914 de l'industrie de guerre planifiée, antichambre de la répartition socialiste égalitaire (Rathenau), est très spectaculaire après un quart de siècle d'apaisement bismarckien (1870-1895). En outre, la guerre se déplace vers de nouveaux territoires révolutionnaires que sont l'Orient des Jeunes Turcs, avec l'effondrement de ce qui reste d'Empire ottoman et les guerres balkaniques, le Mexique ou la Chine. Dès 1911, on assiste parallèlement à une montée impressionnante des nationalismes européens et à la progression sensible des armées permanentes. Cet ensemble va constituer une expérience collective, vécue par la pensée socialiste tout entière, et comme l'hégélianisme lui a appris à toujours penser positivement les phénomènes négatifs, elle va entraîner une valorisation de l'armée de conscription par rapport à l'armée de métier (Jaurès), puis de la théorie militaire elle-même (Lénine est le thuriféraire du Prussien Clausewitz). Le pacifisme libéral y est minoritaire.

En gros, la guerre de 1914 lègue au communisme deux éléments fondamentaux de sa doctrine grâce à une très hégélienne « négation de la négation » : d'abord, comme pour le fascisme qui se développe dans le même contexte, une importance démesurée de la guerre et de tout ce qu'elle engendre, un abaissement de la sacralité de l'existence individuelle – on peut sacrifier des vies humaines à des buts plus élevés –, mais aussi un mode d'organisation centralisé avec ses officiers et ses sous-officiers, et l'introduction des mêmes méthodes dans la production. Enfin, la planification devient centrale bien qu'elle ne soit pas une invention du socialisme – on n'en trouverait pas même une esquisse chez Marx –, mais en revanche le grand succès pragmatique des économies dirigées de la guerre de 1914, lesquelles, dans des situations de pénurie, parviennent à fournir au front, non pas par les mécanismes du marché mais par des fixations d'objectifs volontaires, les munitions, le matériel, les armes nécessaires. Lénine dira que ce « capitalisme monopoliste d'État » de la Grande Guerre est l'antichambre la plus proche du socialisme. En Allemagne, cette admiration pour l'économie de guerre conduira, là aussi, un certain nombre d'économistes bourgeois à penser le socialisme comme réalisable, mais un socialisme strictement national et antilibéral, aboutissement ultime de l'économie dirigée.

Il y a donc quatre causes fondamentales à cette mutation catastrophique. D'abord, une paralysie de la social-démocratie classique, qui n'arrive pas à se hausser au niveau des transformations intervenues dans une société européenne de forte croissance après 1896. Ensuite, la naissance et le développement en Russie d'un socialisme paradoxal, qui est un socialisme d'intellectuels et de paysans, auquel Lénine va apporter la conception d'un parti né par et pour la clandestinité, dans une société despotique dont il estime qu'elle résistera durablement à toute réponse partielle réformiste (1895-1910). Puis la naissance et le développement, cette fois non pas sur la gauche de la social-démocratie mais dans l'ensemble de celle-ci, d'une indifférence démocratique qui l'amène à être fascinée par la puissance et la force d'un côté, et l'idée d'un dépassement du capitalisme par des formes nouvelles non démocratiques, en particulier guerrières et volontaristes, de l'autre (1910-1917).

Enfin, cinquième cause, le plus souvent invoquée par les avocats commis d'office, l'expérience traumatique de la guerre de 1914 fournit le matériel humain : les déracinés, les révolutionnaires et tous ceux qui sont sortis profondément troublés par cette guerre, pas nécessairement d'ailleurs les combattants du front, qui iront plutôt vers l'extrême droite par nostalgie de la violence pure (comme Ernst Jünger), mais ceux de l'arrière, les ouvriers réquisitionnés, les dockers, les marins, toute cette population précipitée dans la guerre et qui, parce qu'elle ne la vit pas dans son acuité la plus éblouissante, y demeure particulièrement hostile, mais encore les intellectuels, les minorités nationales réfractaires aux grandes exaltations patriotiques – voilà qui sont les communistes de 1920. Bien entendu, ces révolutionnaires sont particulièrement nombreux dans la Russie de 1917, où ils vont être amenés à jouer un rôle démesuré à l'échelle de l'effondrement de ce pays. D'autres nations, aux structures démocratiques plus solides (France et Angleterre en particulier), n'y succomberont pas. L'Allemagne est ici en position intermédiaire.

Pourquoi en Russie ? Et pourquoi en 1917 ? Le communisme ne prend pas le pouvoir à la suite d'une conspiration, menée jusqu'au bout par la volonté de fer d'une avant-garde résolue. La vérité est que Lénine, réfugié en Finlande après l'échec d'une première tentative consécutive au putsch de droite, anti-Kerensky du général Kornilov, pourchassé par le gouvernement provisoire, envoie désormais sans relâche aux militants des instructions qui sont fort éloignées des réalités de la Russie de l'été et de l'automne 1917. De même, le coup d'État d'Octobre est bien davantage l'œuvre de Trotsky à Petrograd (l'ancienne Pétersbourg, débaptisée en 1914) qu'il ne l'est de Lénine. Trotsky envisageait, du reste, de poursuivre la guerre contre l'Allemagne aux côtés de l'Entente, ne voulant pas céder toute la terre aux paysans, ni rompre avec les autres partis de gauche aussi radicalement.

Pour autant, ce qui amène le parti bolchevik, donc la gauche autoritaire de la social-démocratie russe, à laquelle se sont ralliés les mencheviks de gauche tel

Trotsky et le futur commissaire du peuple à l'Instruction Lounatchavsky, à jouer un rôle croissant dans cette Russie en complète folie de 1917, c'est la réapparition, dans la conjoncture révolutionnaire, d'une donnée structurelle durable : les bolcheviks, avec tous leurs défauts et leur sectarisme, forment un parti profondément tragique, enraciné dans la réalité russe, brutale, féodale, paysanne. En prise avec cette tragédie que vit la nation, ils sont déjà prêts à l'affrontement sanglant que préparent de leur côté les tenants de l'Ancien Régime. Ensuite, dans une société russe encore profondément centralisatrice et inquiète, ils expriment l'option de la centralisation politique à laquelle toutes les autres forces de gauche ont déjà renoncé.

Pris dans des promesses contradictoires avec ses alliés occidentaux, le gouvernement provisoire du socialiste révolutionnaire modéré Kerensky lance une offensive militaire qui lui vaut une impopularité totale et définitive chez les soldats du front. Devant des revendications diverses, il est, très vite, totalement incapable de prêcher autre chose à la population que la résignation et la renonciation.

Or, c'est là la force de Lénine : il sent, dès le printemps 1917, se mettre en place la dynamique d'une guerre civile inexpiable. Sans doute veut-il même la provoquer, car sa haine de la réaction et du tsarisme est sans aucune mesure avec celle de la plupart de ses collègues. Sans doute aussi a-t-il historiquement raison, en ce sens que le pays profond est effectivement gros d'une révolte agraire sans précédent depuis Pougatchev, au XVIIIe siècle. Car Lénine demeure un homme de l'intérieur du pays de la Volga et des Terres noires, alors que les bolcheviks restés en Russie, comme Molotov ou Staline, ne pensent qu'en termes de grandes villes, et souhaitent donc s'entendre avec les mencheviks. Or, il n'y a pas de dynamique révolutionnaire véritable à Petrograd et à Moscou, où les électeurs redonneront vite (dès décembre 1917) une majorité électorale au bloc réformiste des socialistes révolutionnaires et des mencheviks à l'Assemblée constituante mort-née, mais dans les campagnes. Lénine le comprend et, après avoir passé dès 1915 un accord tacite avec le gouvernement allemand grâce au social-démocrate Parvus qui travaille pour le gouvernement impérial, lequel lui a permis d'obtenir des subsides et une aide logistique décisive pour rentrer en Russie, il veut sortir de la guerre, pour permettre à cette révolution de se déchaîner.

C'est dans cette situation que la social-démocratie russe, ou du moins son aile la moins antipaysanne, le parti bolchevik, va prendre la tête de la plus grande révolution paysanne de la planète : saisies des biens des nobles, incendie des domaines, retour des soldats déserteurs dans les villages – c'est avant tout cela la réalité sociale de 1917.

Dans cette paralysie générale, les bolcheviks s'emparent, fin octobre 1917, grâce surtout au vote pacifiste des soviets de soldats qui l'avait précédé, de la majorité au premier Congrès panrusse des soviets. Forts de celle-ci, ils engagent le bras de fer avec le gouvernement provisoire. Déjà décomposé, ce dernier s'effondre presque sans combat à Saint-Pétersbourg, malgré le mythe du cuirassé *Aurore*. À Moscou, son fief indiscuté, il met un peu plus de temps, après une semaine de combats sanglants, pour céder la place. Mais, au total, ce sont là des pertes humaines quasiment négligeables au regard du caractère extrêmement meurtrier des offensives ordonnées par Kerensky sur le front quelques mois auparavant. C'est donc presque sans violence que le pouvoir bolchevik s'impose dans un premier temps, et ce tour radical donné à la révolution est porté, incontestablement, par la plus grande sensibilité des bolcheviks à la vraie Russie, à la fois anarchique et autoritaire, qui émerge du chaos.

La raison pour laquelle, ayant pris le pouvoir, ces bolcheviks parviennent à s'y maintenir tout en devenant très vite minoritaires dans l'opinion est alors posée. Car, ne nous y trompons pas, le parti bolchevik qui a conquis la majorité au Congrès des soviets d'octobre 1917, grâce à une alliance éphémère avec l'aile gauche des socialistes révolutionnaires, a déjà perdu, aux élections générales qui lui sont imposées par ses partenaires SR de gauche en décembre 1917 - janvier 1918, sa majorité politique dans le pays : puisque les deux partis paysans que sont les socialistes révolutionnaires, de droite et de gauche, dominent largement la nouvelle Constituante, et envisagent de se rabibocher, avec la bénédiction de Plekhanov qui dirige encore les mencheviks, à son tour depuis la Finlande avec Kerensky et ses amis réfugiés dans l'Oural.

La seule chance pour Lénine que son expérience « communiste » se poursuive, c'est d'accélérer délibérément l'affrontement violent avec l'ancienne société, afin de précipiter à la base cette unité des bolcheviks et des paysans révoltés toujours proches des socialistes révolutionnaires de gauche, d'isoler le front menaçant des socialistes réformistes et des débris de l'État tsariste appuyés par l'Entente.

Aussi peut-on affirmer sans crainte du paradoxe que la véritable victoire de Lénine (le 7 novembre 1917 étant à mettre à l'actif de Trotsky) a lieu pendant l'hiver 1918, avec la signature d'une paix catastrophique avec l'Allemagne, à Brest-Litovsk, le début d'insurrection des socialistes modérés appuyés par les volontaires tchécoslovaques qui s'emparent des gares du Transsibérien, et la répression des régions cosaques qui entraîne des centaines de milliers de jeunes gens dans la rébellion. Désormais, la polarisation délibérée des forces accouchera au forceps d'une nouvelle société, façonnée par la guerre civile.

Sans la guerre civile, il n'est pas impossible que le parti bolchevik eût été contraint, à un moment ou à un autre, de s'effacer ou de passer contrat (le résultat aurait été le même à terme) avec d'autres forces moins radicales. Mais, face à des déchirures qui rendent vaines toutes les dialectiques électorales et parlementaires, celles des soviets comprises, le parti bolchevik, incapable de gouverner la Russie en temps de paix, va savoir une première fois, préalable à toutes les autres, l'organiser en temps de guerre, et même dans une guerre deux fois plus sanglante que celle que le tsar avait menée contre les Allemands : la guerre entre Russes.

Cette guerre civile couronne un siècle de montée révolutionnaire en Russie. Le parti bolchevik y forge les instruments de ce que sera le mouvement communiste par la suite ; l'Armée rouge, la Tcheka ou police politique, un service d'espionnage ramifié, des organisations clandestines, un appareil étatique, c'est-à-dire une transformation rapide des soviets en organismes du pouvoir d'État. Cette organisation lui permet peu à peu de vaincre ses adversaires, notamment par l'intervention de chefs militaires d'une qualité exceptionnelle comme le futur maréchal Toukhatchevski, vainqueur des armées blanches dans l'Oural dès 1919 – des armées blanches courageuses et souvent capables, mais qui s'aliènent vite les paysans russes, les minorités nationales et les sympathisants de la gauche démocratique, dans les grandes villes.

Dans ces conditions, en dépit de premières avancées très spectaculaires, et d'un bon chef militaire, le général Dénikine dans le Sud, les Blancs sont petit à petit vaincus, malgré les interventions, elles-mêmes très limitées contrairement à la légende, des pays occidentaux à leur profit. L'Armée rouge, en remportant victoire sur victoire, va donc devenir une institution fondamentale du régime et lui donner ce caractère à la fois militaire et policier très marqué qui l'accompagne depuis lors. Mais, en même temps, ce régime est porté par l'idéalisme des jeunes bolcheviks, qui ont rejoint le pays par dizaines de milliers, et par le désarroi des autres Russes qui, entraînés par une société en proie à une véritable fièvre de modernité, ne retrouvent plus les cadres qui leur étaient traditionnels, une Église forte et hiérarchisée, un appareil d'État omniprésent, une organisation contraignante de l'espace politique qui ne demande qu'à être remplacée. Les bolcheviks, d'une certaine manière, c'est enfin ce « tsar du peuple » au nom duquel les paysans russes s'étaient déjà révoltés contre Catherine II, avec Pougatchev ; c'est « Pougatchev et le Télégraphe », dira un jour Boukharine à titre de boutade désespérée. Mais il y a du vrai dans le trait d'esprit : la révolution russe est réellement, comme l'a dépeinte Isaac Babel dans *Cavalerie rouge,* la jacquerie au nom du bon tsar ; et ce tsar n'est autre que Lénine lui-même.

À ce titre, Vladimir Ilitch Lénine est typiquement un homme de transition. Intellectuel moderne, remarquablement cultivé et ouvert sur l'Occident, bien qu'étroit et sectaire dans ses goûts philosophiques et ses jugements personnels, Lénine n'est ni le monstre sanguinaire dépeint par Soljenitsyne, ni le génie stratégique exalté par Bertold Brecht. Ses hésitations et ses remords, après 1920, témoignent davantage de sa lucidité tardive et de son humanité retrouvée une fois sa vengeance assouvie que de la cohérence de sa pensée. Ce « Janus bifrons » a voulu accomplir une révolution dostoïevskienne pour retrouver à sa sortie l'idylle tolstoïenne. La maladie et l'épuisement lui épargneront le souci de dénouer cette impossible contradiction interne.

Maintenant, que la transition catastrophique de la Russie vers la modernité ait pu perdurer pendant trois quarts de siècle, c'est là une affaire autrement complexe, et il aura fallu encore bien des paramètres nouveaux pour que cette première émergence se transforme en mouvement historique de portée mondiale. Une telle issue n'était pas contenue dans la dynamique du seul projet initial de Lénine. Il aura fallu, au-delà de la simple solidarité humaine avec la révolution russe, qui s'est exprimée un peu partout, à gauche en Europe, et n'implique pas encore une adhésion au communisme, qu'émerge un véritable projet de société sans classe, fruit d'une puissante résurgence du socialisme utopique, après trente pesantes années de triomphe apparent du « socialisme scientifique », celui, positiviste et réformiste, de la IIe Internationale (le jeune Gramsci exaltera la révolution contre *Le Capital* de Karl Marx). Pour extraire ainsi le léninisme de la gangue russe à laquelle il appartient pourtant, il aura fallu deux aspirations complémentaires : celle, passionnelle, de l'intelligentsia russe révolutionnaire à se réinsérer dans l'histoire européenne à laquelle elle croit appartenir ; celle d'avant-gardes non seulement ouvrière, mais aussi, et parfois surtout, intellectuelle et esthétique (surréalisme français, expressionnisme allemand) à penser leur avenir à la lumière de la révolution d'Octobre, réinterprétée et mythifiée comme « le Grand Jeu ». Ainsi naît, à partir de 1919, une Internationale communiste, utopiste et romantique, souvent romanesque, dont le sort sera définitivement scellé dans les dix années ultérieures.

Chapitre II

LE PREMIER PROJET COMMUNISTE ET SON ÉCHEC

Comment juger le communisme pour ce qu'il est ? La mutation catastrophique qu'a été la révolution d'Octobre, si l'on reste fidèle à notre principe de raison insuffisante, aurait très bien pu, dans certaines circonstances et hypothèses, en demeurer là. De ce point de vue, les révolutions mexicaine et chinoise, qui la précèdent de quelques années (1910-1912), en sont de véritables anti-modèles.

Dans le cas de la révolution mexicaine, un parti révolutionnaire, mais sans doctrine, se transforme en administration, d'abord militaro-bureaucratique puis bureaucratico-militaire, pour s'assagir définitivement dans un rapport de vassalité équilibrée avec les États-Unis. Dans le cas de la révolution chinoise, la force d'impact d'un parti disposant d'une vraie doctrine, le Kuo Mintang, le parti nationaliste chinois de Sun Yatsen, sur une société traditionnelle vermoulue, ne provoque pas le remplacement d'une classe dirigeante par une autre mais l'éclatement du territoire chinois et la naissance de royaumes combattants, qui intègrent peu à peu à leur service des débris du mandarinat impérial.

Or, sous une forme fossile sous-jacente, nous avons bien une révolution chinoise et une révolution mexicaine enkystées dans la révolution russe. Révolution chinoise en effet que l'éclatement du territoire de l'ancien empire tsariste pendant près de quatre ans (1918-1922), avec un compromis boiteux, l'Union soviétique, qui introduit un principe fédéraliste incompatible avec la centralisation par ailleurs voulue. Ainsi l'Ukraine, le Géorgie et même l'Extrême-Orient sibérien se souviendront-ils longtemps de leur éphémère indépendance. Et révolution mexicaine dans des régions entières de ce vaste empire, où les forces qui se rassemblent peu à peu dans le parti communiste sont en réalité des cliques plus ou moins militantes, plus ou moins militaires.

D'une certaine manière, donc, le communisme russe aurait pu d'emblée se laisser envahir par cette dégénérescence bureaucratique, particulièrement sensible à la périphérie du système. Il ne le fait pas, pour la raison suivante, tout à fait considérable : le communisme russe a un noyau organisateur bolchevik composé de sociaux-démocrates de gauche, marxistes convaincus et résolus à intégrer leur révolution dans un processus mondial. D'emblée, on voit ce thème intervenir chez Lénine et il sera repris avec une force sans égale par Léon Trotsky : bien qu'elle soit porteuse d'utopie constructive, la révolution russe en tant que telle ne peut pas accoucher de la société nouvelle, obérée qu'elle est par le poids de l'arriération russe, qui pèse sur ses épaules. Elle n'aura de sens que dans un processus révolutionnaire unique, qui connaîtra son aboutissement en Allemagne et nulle part ailleurs. C'est la doctrine de la révolution permanente.

Précisons ici que l'œuvre de Trotsky, qui n'est nullement une critique adéquate du stalinisme et n'en a jamais percé au jour la nature véritable par fascination pour le processus révolutionnaire d'Octobre, est en revanche un guide très sûr pour comprendre de l'intérieur la véritable idéologie de cette révolution russe, ou plutôt de son groupe dirigeant, le noyau bolchevik. Trotsky, bien qu'opposé à Lénine pendant une bonne part de sa carrière avant 1914, et encore en 1920-1921, finit ainsi par incarner les valeurs révolutionnaires de plus en plus difficiles à mettre en œuvre dans la Russie post-révolutionnaire, celle de la « nouvelle politique économique » ou NEP. C'est parce que le parti communiste (vieux nom qui évoque la Ligue des communistes fondée en 1848 par Marx et Engels) est porteur d'une idéologie nullement cynique, nullement manipulatrice, qu'il ne se transforme pas rapidement ni spontanément en organe de gestion bureaucratique du vaste empire russe reconstitué.

Aussi doit-on juger son projet de cette époque à l'aune des trois grandes arènes dans lesquelles il trouve rapidement à se déployer. D'une part, la tentative pour maintenir une sorte de compromis historique entre une société largement paysanne et une révolution ouvrière largement utopique, en Russie même. Ensuite, la tentative de déboucher en Europe centrale sur un processus révolutionnaire qui soit tout à la fois relais et amplificateur de la révolution russe, c'est-à-dire la stratégie allemande du mouvement communiste. Enfin, de façon complémentaire, à partir de la révolution russe dans sa dimension orientale, la tentative d'entraîner à sa suite les révolutions de la périphérie, Turquie, Iran et bientôt Chine, esquisse de que sera le Tiers Monde après 1960. L'échec de la révolution chinoise scelle le sort de cette période révolutionnaire dès 1927-1928.

Mais tout se joue d'abord avec la tentative de mettre en branle la révolution permanente en Allemagne et plus largement en Europe. L'écho de la révolution d'Octobre est considérable puisqu'il intervient sur des sociétés enfiévrées et affaiblies par déjà trois ou quatre années de guerre mondiale. Incontestablement, malgré les efforts initiaux que les services secrets allemands avaient déployés pour assurer la victoire de Lénine, et donc une paix séparée à l'Est, c'est bien en Allemagne que les idées pacifistes et anti-impériales exportées par la révolution russe ont le plus d'impact. Or, le pendant germanique de la gauche léniniste en Russie est cette tendance « radicale » de la social-démocratie, beaucoup moins sectaire et surtout beaucoup moins organisée, qui s'est donné depuis 1914 deux chefs de file dans les personnes de Rosa Luxemburg, théoricienne de l'action de masse, et Karl Liebknecht, un brillant avocat, fils d'un fondateur du parti social-démocrate, et l'un des trois opposants au vote des crédits de guerre en 1914 au Reichstag.

L'un et l'autre sont internés en 1917, mais ils disposent déjà de relais considérables dans la jeunesse sociale-démocrate, parmi les ouvriers ou les jeunes en instance de mobilisation qui les suivent, et qui vont former une organisation clandestine, le *Spartakusbund* ou *Ligue Spartakus,* premier et principal noyau d'une organisation communiste en Allemagne. S'y ajoute alors une masse considérable d'adhérents ou de sympathisants du parti social-démocrate qui, sans avoir basculé dans la révolution, sont profondément écœurés par la collaboration à laquelle leurs chefs se livrent avec le pouvoir impérial et militaire depuis 1914, sans aucune contrepartie de ce pouvoir, qui non seulement ne s'est pas démocratisé, comme on aurait pu l'imaginer, mais au contraire a renforcé ses traits autoritaires pour se muer, à partir de 1917, en une véritable dictature militaire, celle du général Ludendorff. À partir de 1918, lorsque s'effondre l'Empire et qu'éclate la mutinerie des marins de Kiel, nous assistons dans la brèche ainsi ouverte à une véritable échappée révolutionnaire dont le centre est Berlin.

Celle-ci, s'inspirant de la révolution russe, recourt alors au terrible contresens d'une lecture léniniste dans une société qui n'est nullement mûre pour une guerre civile généralisée, mais aspire tout au contraire à une réconciliation des deux grandes forces qui émergent de cette Allemagne vaincue, la social-démocratie d'une part, symbole de solidarité, et l'armée de l'autre, symbole de l'État, les deux ayant été unies par l'expérience, commune à tous les Allemands, de quatre années de guerre. Cette échappée communiste sans lendemain va laisser un souvenir terrible dans la mémoire des Allemands et constituer une sorte de « solo funèbre », une répétition de la Commune de Paris mais étalée sur plusieurs années et, partant, plus délétère encore pour la gauche allemande.

Dès l'automne 1918, les spartakistes espèrent répéter la geste des bolcheviks en bousculant le gouvernement d'unité des deux ailes (majoritaire, de droite, et indépendant, de gauche) de la social-démocratie qui s'est constitué au lendemain de l'abdication du Kaiser. Après quelques jours de combat à Berlin, au milieu du chaos de la démobilisation, les spartakistes sont écrasés, leurs chefs, Karl Liebknecht, Rosa Luxemburg et son compagnon et successeur Leo Jogiches, bientôt assassinés par des « corps-francs » d'extrême droite, avec la complicité du gouvernement social-démocrate de Friedrich Ebert.

En réalité, ces noyaux communistes isolés se heurtent, au fur et à mesure, non seulement à la résistance de forces de répression dont l'incontestable brutalité préfigure la violence dont elles seront bientôt capables, avec le nazisme, à l'échelle de toute la société, mais aussi au refus de toute la nation allemande, ouvriers sociaux-démocrates, paysans et petits bourgeois, catholiques et libéraux, conservateurs et progressistes confondus, de basculer dans la révolution, à l'exception d'une minorité de jeunes qui oscillera entre 10 et 15 % du corps électoral. Les liens entre communisme et social-démocratie deviennent ainsi de plus en plus grinçants, de plus en plus obérés par les accusations de violences réciproques. Certes, sous l'influence de Lénine, en 1921-1922, les choses s'améliorent dans la mesure où la révolution russe entend à tout prix sortir de son isolement : le mouvement communiste change alors sa doctrine officielle, accepte avec la social-démocratie un compromis en faveur de la constitution d'un « front unique ouvrier », lequel aboutit à des gouvernements régionaux de coalition dès 1922 en Saxe et en Thuringe. Mais, devant l'épreuve finale de 1923, qui clôt en Allemagne le « temps des troubles », à savoir la tentative de coup d'État militaire du général Ludendorff, déjà aidé du jeune agitateur Adolf Hitler, sociaux-démocrates et militaires finissent par s'entendre et barrer ensemble la route à ce retour en force de l'extrême droite du gouvernement de guerre. Du même coup, la social-démocratie abandonne toute perspective de réunification au moins programmatique avec les communistes. L'espoir d'une révolution allemande, ou d'une évolution révolutionnaire en Allemagne, ancrée sur les « gouvernements ouvriers » de Saxe et de Thuringe, meurt donc, et avec lui l'idée d'un pont jeté par la Russie révolutionnaire vers cette immense société germanique secouée par la fièvre de la modernisation, de la démocratisation, mais aussi de la régression militariste et romantique.

La révolution russe devient ainsi comme abandonnée à elle-même et, entre les deux colosses, slave et germanique, le long fossé centre-européen se ferme peu à peu sous leur pression conjuguée.

De la lointaine et nordique Estonie, si proche de Petrograd, à la Bulgarie, des partis communistes plus ou moins inspirés par le modèle d'Octobre s'efforcent de faire basculer leurs sociétés dans la même révolution. Partout, ils ne réussissent qu'à précipiter l'évolution inverse, vers des dictatures peu ou prou militaires qui surtout, alliées de la France dans les années 1920, auront basculé vers le fascisme italien et le nazisme allemand dans les années 1930. Dès 1919, l'éphémère « Commune de Budapest » en Hongrie conduit à l'écrasement d'une insurrection socialiste et communiste dont le philosophe György Lukács est le plus célèbre militant. En 1920, l'invasion de la Pologne par l'Armée rouge conduit à l'interdiction du parti communiste et au triomphe militaire du maréchal Pilsudski, qui reprendra l'intégralité du pouvoir politique sur le parlement en 1926.

À la même époque, le communisme est mis hors la loi dans le nouveau royaume yougoslave, malgré de sérieuses bases, déjà paysannes chez les Serbes comme chez les Croates, et enfin, en 1923 un coup d'État nationaliste et monarchiste abolit la république bulgare et interdit aussi le parti communiste local qui avait pourtant tardé à défendre la gauche agrarienne modérée. Dès 1919-1920, les communistes finlandais avaient perdu leur guerre civile, et l'échec d'un coup de main armé à Tallinn, en 1925, aboutit par contrecoup à l'illégalité du mouvement communiste dans l'ensemble des États baltes. En Roumanie, la répression aura été endémique dès le début. À l'exception de la Tchécoslovaquie, où un parti social-démocrate de tradition internationaliste passe en bloc au communisme, avec son chef Bohumil Smeral, et constitue à lui seul, dans les régions ouvrières de Bohême, une forteresse semi-démocratique dévouée à Moscou dans un pays de démocratie parlementaire à la française, toute l'Europe de l'Est aura déjà basculé dans des expériences autoritaires plus ou moins sévères, laissant au parti communiste le prestige de la clandestinité mais lui refusant toute influence réelle.

En Allemagne, le parti communiste, repris en main par Moscou, devient, après avoir épuisé à sa tête quelques intellectuels de plus en plus brouillons (Paul Levi, Ernst Reuter, Ruth Fischer), une organisation centralisée qui finit par se stabiliser autour d'un docker de Hambourg, Ernst Thälmann, qui jouit de la confiance personnelle de Staline. Mais le parti, désormais soigneusement entouré d'un véritable cordon sanitaire, ne gagne de sympathisants que dans les milieux les plus nationalistes, tentés par une alliance anti-occidentale avec la Russie, les cercles dits « nationaux-bolcheviks » (Niekisch) et influence de moins en moins une social-démocratie de gouvernement, réunifiée par la fin des troubles et le retour d'une certaine prospérité. Seule l'Autriche, où l'austro-marxisme d'Otto Bauer triomphe dans la gestion de la municipalité de Vienne, et maintient des rapports avec l'Union soviétique tout en se réclamant d'une ligne fermement social-démocrate, ouvre au mouvement communiste quelques perspectives aléatoires.

On peut considérer que la révolution en Europe centrale a été un échec cinglant. Cet échec est encore plus cuisant si l'on considère à présent le cas italien. L'Italie, pays faussement vainqueur, lui aussi secoué d'une grande fièvre beaucoup plus démocratique et revendicative ici que révolutionnaire, a connu une période d'affrontements industriels, rarement violents, mais qui traumatisent les classes moyennes au moment des grèves de 1920-1921. Cette situation de crise débouche rapidement sur la naissance d'un mouvement nouveau, le fascisme, lequel, après la Marche sur Rome, transforme peu à peu la monarchie parlementaire en monarchie autoritaire puis en dictature totalitaire. Et ce phénomène, que l'on croit alors circonscrit à l'Europe du Sud (puisque l'Espagne du *caudillo* Primo de Rivera et le Portugal après 1928 tendent aux mêmes solutions), est évidemment plus porteur d'un avenir, ô combien tragique, que les tentatives mal coordonnées par l'Internationale communiste pour prendre le pouvoir au centre de l'Europe.

Aussi, on peut considérer qu'à la date de 1926 une fois la dictature militaire polonaise (la *Sanacja* ou « assainissement » de Pilsudski) installée et les mouvements révolutionnaires décapités, les partis communistes de l'Europe continentale sont tombés dans une situation pratiquement sans issue, que rehausse d'un trait de romantisme ultime la grande grève générale organisée la même année par les syndicats britanniques, rapidement réprimée par le gouvernement conservateur de Stanley Balwin et se terminant par un compromis définitif et durable entre syndicats britanniques et classes dirigeantes.

En Scandinavie, en dehors de quelques noyaux ouvriers, surtout en Norvège l'implantation communiste reste négligeable. En France, le parti communiste est présent dans quelques banlieues et s'empare un temps de la mairie de Toulon. Il anime un syndicat, la CGTU, qui compte des adhérents de valeur notamment chez les jeunes, les métallurgistes et les cheminots (Pierre Sénard), mais qui est loin d'être aussi représentatif de la classe ouvrière que la CGT réformiste de Léon Jouhaux.

C'est donc la fin de ce premier cycle communiste à dominante européenne, avec des noyaux militants qui partout s'aguerrissent dans la répression, mais sont de plus en plus confrontés à un projet politique vidé de son sens. De cette aporie naissent ainsi des œuvres critiques qui se font l'écho de ce désarroi : romans de Malraux, délires surréalistes, nihilisme du premier Brecht, bientôt les réflexions du chef emprisonné du communisme italien, Antonio Gramsci, lequel y jette les fondements intellectuels d'un redressement futur, « pessimisme de la raison, optimisme de la pensée ».

Si les sociétés structurées de l'Occident présentent une résistance sérieuse à l'expansion du communisme, en revanche les périphéries molles du Tiers Monde semblent au départ beaucoup plus conductrices. Vis-à-vis de la Turquie, quarante ans avant le nassérisme, la révolution russe, qui appuie le mouvement de Kemal Atatürk, semble pendant un temps capable de se faire de cette révolution laïque radicale, la première du Tiers Monde, un allié solide. Mais Kemal Atatürk est un fin renard : après avoir utilisé l'aide militaire soviétique, notamment pour vaincre les Grecs, et son soutien pour empêcher toute résurrection d'un État arménien indépendant, il se retourne contre ses alliés communistes locaux et les emprisonne. Il ne restera de cet épisode que le plus grand écrivain turc du XXe siècle, Nazim Hikmet, qui aura passé la plus grande partie de sa vie dans les geôles turques ou les prisons dorées de son exil soviétique.

En Iran, même sensibilité. Lorsque le pouvoir bolchevik s'installe à Bakou, dans l'Azerbaïdjan russe, il déborde tout de suite sur le nord de l'Iran : ce sont les soviets du Ghilan. Mais là encore, Reza Pahlavi, un général de cosaques iranien, allié initialement lui aussi à Moscou comme Mustapha Kemal, utilise d'abord la complaisance soviétique pour faire pièce aux Anglais puis ferme consciencieusement sa frontière et devient peu à peu un allié de l'Occident, puis de l'Allemagne nazie dans les années 1930.

Ce schéma dont l'Afghanistan présente une variante (le roi réformateur Amanullah, lui aussi allié des Russes, est renversé avec l'aide des services secrets britanniques en 1929 ; Lénine avait salué ses réformes en déclarant qu'il était plus socialiste que le leader du parti travailliste Ramsay MacDonald) aurait dû rendre les Soviétiques plus prudents dans le choix de leurs partenaires.

Pourtant, là où le Komintern va investir lourdement, en Chine, la défaite sera la plus sérieuse. En effet, après avoir séduit l'entourage de Sun Yatsen, le fondateur du parti nationaliste Kuo Mintang, aidé à la création d'un parti communiste dont Mao Tsé-toung est l'un des premiers adhérents (18 militants fondent le parti dans une arrière-salle de restaurant à Shanghai en 1920), les

Soviétiques poussent leurs amis chinois à adhérer en bloc au Kuo Mintang et à devenir un rouage très important de cette révolution nationaliste. Ils sont au premier plan de la grande expédition du nord, la *Beïfa*, que mène le successeur du Dr Sun Yatsen, le maréchal Chiang Kaï-chek à partir de 1926, et jouent ainsi un rôle considérable dans la réunification du territoire chinois sous un pouvoir unique nationaliste. Triomphe apparent.

Tout comme Atatürk et Reza Pahlavi, Chiang Kaï-chek n'a pourtant aucune intention de rompre avec le monde occidental pour devenir ensuite l'otage de l'Union soviétique. Après avoir utilisé et parfois exposé conseillers militaires soviétiques et militants communistes, il se retourne contre eux. C'est la Commune de Shanghai et de Canton, qui voit en 1927 le massacre des militants communistes urbains immortalisés par Malraux dans *La Condition humaine* avec un talent incomparable. À cette tragédie épouvantable, il semble que le communisme chinois ne survivra pas. C'est au contraire de cette épreuve que naîtra, à travers la ruralisation et la fuite dans les campagnes d'un certain nombre de militants dont le jeune Mao Tsé-toung, un autre communisme, dont l'avenir est beaucoup plus assuré, un communisme national chinois qui s'assume comme révolution paysanne et produira dans l'anarchie territoriale qui continue à miner l'unité du pays ses propres seigneurs de la guerre, l'Armée rouge !

Mais cela, nul ne le prévoit en 1927. Désormais, la forteresse soviétique fait figure de citadelle assiégée, menacée par un Thermidor russe à venir que dénonce quotidiennement Trotsky. Or, c'est précisément à l'intérieur de la Russie même que le projet révolutionnaire se heurte à des contraintes différentes, mais non moins graves.

Là, il ne s'agit pas d'échec stratégique, comme dans les deux cas précédents, mais d'une réussite paradoxale, à savoir la consolidation de cette vaste démocratie paysanne qu'est la Russie de la NEP. La vraie victoire sociale, remportée à la fin de la guerre civile, n'a pas bénéficié aux ouvriers, pratiquement dispersés par l'effondrement de l'économie moderne, la rupture des liens avec le marché mondial et la guerre civile à laquelle ils ont beaucoup donné de leur sang. Elle a davantage profité aux paysans, qui se sont émancipés de leurs propriétaires, ont cassé à leur profit les grands domaines et reconstitué à l'échelle du pays tout entier la communauté paysanne, le *mir,* non pas sous la forme collectiviste et utopiste prônée par le régime, mais la communauté paysanne traditionnelle, dont un grand observateur de la Russie, Pierre Pascal, jeune socialiste français resté aux côtés de Lénine, nous donnera une description saisissante à son retour à Paris en 1925 dans *Civilisation paysanne en Russie.*

La vérité, c'est que la révolution russe a d'abord été, et là se trouve sans doute le point de départ du stalinisme, un retour à la case départ, à une utopie paysanne en partie régressive mais suffisamment efficace pour conférer la victoire à l'Armée rouge en 1919-1920 et ensuite bâtir la stabilité politique du régime pendant quelques années décisives. Dans un tel rapport de forces, les paysans sont partiellement les maîtres et dictent son comportement au pouvoir soviétique, en partie par le bras de fer économique permanent, fait d'incertitudes et de grèves parlées, qu'ils font peser sur l'approvisionnement des villes.

Pour la gauche, cette situation est rigoureusement intolérable, notamment pour Trotsky qui dénonce le compromis passé avec la société archaïque et sa réverbération dans les villes, la naissance d'une classe de petits intermédiaires et trafiquants, les *Nepmen,* qui essaient de pallier les pénuries de toute sorte. Il voit dans l'alliance de cette économie privée envahissante et de la formidable bureaucratie, née du mouvement soviétique lorsque celui-ci s'est refroidi, les bases d'un Thermidor généralisé à l'échelle du pays, et il demande une politique énergique de taxation forcée des campagnes pour accélérer la formation d'un « capitalisme industriel d'État » planifié et contrôlé par les soviets. Il voit dans cette stratégie la seule solution pour sauver la révolution jusqu'à une nouvelle explosion, européenne et chinoise, dont il accuse au passage ses collègues de sous-estimer l'ampleur.

Mais cette stratégie de l' « opposition de gauche », certes conforme à l'idéologie révolutionnaire et aux utopies communistes de l'époque, ne l'est pas à la réalité. Au moment même où la position de Trotsky apparaît dans toute sa force de négativité, en 1923, il est écarté du ministère de la Guerre et confiné à une position de potiche au bureau politique. Dès lors, émerge, à l'autre frange du parti, une position radicalement nouvelle, celle de Nicolas Boukharine. Boukharine, qui fut gauchiste pendant la révolution d'Octobre et a représenté tout au long de cette histoire une sorte de fils incommode de Lénine, entame à partir de cette date une véritable conversion spirituelle à la démocratie. Il a été fortement impressionné par ses discussions avec les dirigeants sociaux-démocrates européens et pense que la République allemande de Weimar, une fois stabilisée, est la véritable alliée d'une révolution russe, par ailleurs isolée. Le régime doit s'accommoder d'une économie de marché durable – il est influencé en cela par le grand économiste agricole Nicolas Kondratiev, qui s'efforce de démontrer, grâce à sa théorie des cycles longs de l'économie, la vanité du volontarisme planificateur, et aussi par la période de stabilité relative du système capitaliste qui s'ouvre, celle de la prospérité venue des États-Unis.

Autrement dit, Boukharine représente bel et bien une « déviation de droite » ; il ira même jusqu'à encourager les paysans à s'enrichir en reprenant le mot d'ordre de Guizot, ce qui sera un peu trop pour Staline qui le réprimandera, mais une seule fois, et sur ce seul mot d'ordre. Mais, justement, l'appareil le plus autoritaire du parti maintient son alliance avec le courant intellectuel qu'incarne Boukharine, celui des intellectuels « occidentalistes », parce qu'il connaît la faiblesse du pouvoir politique des soviets, et qu'il veut maintenir au moins un certain temps cette stabilité de rapport avec la paysannerie russe. Le paradoxe de la situation est que, si Boukharine avait réussi à maintenir son emprise intellectuelle sur Staline, nous aurions en effet eu une mexicanisation de l'« évolution russe », généraux moustachus et *letrados* diserts et pro-américains, paysans organisés dans des collectivités à faible productivité, les *ejidos*. Si cette Russie, mi-progressiste, mi-autoritaire, était devenue l'alliée fidèle de la social-démocratie allemande, peut-être aurait-elle représenté pendant la crise de 1929 une alternative sérieuse à la poussée d'extrême droite menée par Adolf Hitler ? Pour notre malheur à tous, l'histoire en a voulu autrement.

La puissance du mouvement paysan inquiète en effet Staline lui-même. L'absence d'alliance politique extérieure, malgré les accords secrets de Rapallo qui lient depuis 1922 l'Armée rouge et la Reichswehr weimarienne, et l'échec de la révolution chinoise le confirment dans ses pires craintes, et les attaques répétées de Trotsky lui donnent l'impression que, à un moment donné, malgré l'impopularité de ce dernier chez les Blancs vaincus, malgré son origine juive qui le handicape à la direction d'un parti désormais massivement russe, il peut perdre le pouvoir devant les accusations de mollesse avancées par la gauche.

Or, Staline n'est pas un mou, hélas ! C'est un homme cynique, animé d'une pensée plus traditionaliste qu'il n'y paraît, qui juge déjà en ce temps-là que la révolution d'Octobre appartient beaucoup plus à l'histoire russe qu'à une histoire mondiale dont il n'a que faire. Certes, il veut bien maintenir la perspective d'une révolution mondiale, mais dans des limites circonscrites, celles d'un multiplicateur de l'influence de l'État soviétique, et il croit possible de réaliser, comme jadis Pierre le Grand, une modernisation autoritaire dans le cadre strictement russe, en prenant acte de l'échec du premier projet communiste mais en gardant à l'intérieur de la Russie la force révolutionnaire de la mobilisation de guerre, celle-là même qui détermine encore tous les comportements.

Aussi choisit-il, à un moment extrêmement délicat, de s'engager dans une opération double : premièrement, abattre Trotsky et son groupe, en l'accusant de fractionnisme, et en utilisant pour cela le consensus du bureau politique, Boukharine compris, et au-delà le frémissement d'aise d'une société russe conservatrice qui sera soulagée par la défaite du bolchevisme authentique d'un Trotsky allié à la veuve de Lénine et au chef du Komintern Grigori Zinoviev ; deuxièmement, remettre ensuite Boukharine à sa place et gauchir la politique du parti à l'intérieur du pays, de manière à éviter tout retour de l'opposition de gauche comme toute « social-démocratisation » rampante. C'est ce qui est fait au XVe Congrès de 1927, qui est le grand tournant de l'histoire soviétique, un tournant en double épingle à cheveux puisque l'on y assiste d'abord à l'élimination de Trotsky et Zinoviev, qui aurait pu préluder à une droitisation thermidorienne ; et, tout de suite après, à une offensive contre Boukharine et les droitiers, qui exclut, elle, toute convergence avec la social-démocratie et Weimar. La Troisième Force stalinienne, appuyée sur les conceptions romantiques et autoritaires d'idéologues exilés, « les Eurasiens », qui rejettent l'Occident corrupteur comme l' « anarchisme judaïsant » des bolcheviks, a triomphé. Il ne montre toutefois pas son visage tout de suite.

Le durcissement de la politique agricole entraîne à son tour des révoltes paysannes sporadiques dès la fin de 1928. Staline, qui n'est pas près de se soumettre à ce plébiscite des campagnes, décide alors des mesures exceptionnelles de prélèvement qui, en dégénérant, vont l'entraîner de plus en plus loin, vers une fuite en avant bien supérieure à tout ce que Trotsky avait prôné, dans un projet beaucoup plus grandiose : le premier plan quinquennal dans lequel la révolution, désormais le dos au mur, qui a le sentiment de combattre pour sa survie dans un monde qui ne la comprend pas, a décidé de jouer son va-tout. C'est la collectivisation des terres, un des projets les plus grandioses et les plus sanglants du XXe siècle, qui scelle définitivement le caractère exceptionnel de l'expérience communiste et va, comme un crime fondateur, associer désormais tous les communistes, ceux d'Union soviétique d'abord mais tous les autres à leur tour, à cette immense immolation collective d'une des grandes cultures paysannes de la Terre. Mais c'est également le point de départ d'une grande civilisation industrielle qui ne doit rien au capitalisme, mais qui est tout entière le fruit d'une volonté collective, sinon populaire, lointain souvenir de Pierre le Grand mais manifestation parfois démente et barbare de ce prométhéisme du XXe siècle, dont le communisme, avec le fascisme triomphant dans l'Europe marquée par la crise de 1929, va devenir l'un des deux piliers. Cette révolution engendre un nouveau style architectural néoclassique qui, mieux que de longs discours, rend manifeste le congé donné au futurisme révolutionnaire. C'est le moment que choisit le poète de la révolution, Vladimir Maïakovsky, pour se suicider.

À l'issue de ce premier tournant, nous pouvons dire que le premier projet communiste a trépassé. Le désarroi de Trotsky, qui soutient d'abord, depuis son exil intérieur d'Alma-Ata, les premières mesures antiboukhariniennes de Staline, puis finira par dénoncer le massacre des paysans, est à la mesure de la rupture intervenue.

On peut symboliquement arrêter ce récit à l'expulsion forcée de Trotsky de l'Union soviétique, en 1929, et à son expulsion, au moment même où Staline se lance à corps perdu dans la grande offensive collectiviste et se débarrasse de toute la vieille garde bolchevique, pour l'instant vouée seulement à l'exil intérieur, que racontera dans un récit halluciné le Croate Anton Ciliga. Trotsky commence alors son périple chaplinesque, de la Turquie à la Norvège, à Paris, pour finir assassiné par la Tchéka au Mexique, en 1940, symbole du caractère erratique et mondialiste du premier projet révolutionnaire ; et Staline poursuit son ascension, symbole de la transmutation alchimique d'une première utopie en une seconde, certes apparentée mais radicalement différente à bien des égards, et qui va entraîner comme conséquence l'éclatement du mouvement communiste international : c'est l'histoire des années 1930.

Chapitre III

FAILLITE ET RENAISSANCE

Faillite et renaissance, tel est l'immense paradoxe présenté par le mouvement communiste au début des années 1930. De ce point de vue, un exercice intéressant serait d'essayer de lire cette période, comme dans une écriture tridimensionnelle, avec des lunettes de science-fiction qui permettraient de passer en permanence des œuvres de Trotsky à celles de Staline, et réciproquement. Pareille lecture, évidemment complexe et vertigineuse, serait à coup sûr édifiante.

Échec en effet que cette période au regard de ce qu'avaient été les idéaux initiaux de la révolution d'Octobre, celle dont Trotsky reste le défenseur fidèle après son expulsion, dans ses exils successifs d'où il juge le monde avec l'acuité d'un homme qui n'a rien perdu de son coup d'œil de stratège comme de ses convictions d'idéologue.

Le mouvement communiste international, né d'une révolte fondamentale contre la guerre de 1914, le militarisme et le nationalisme, a rêvé d'instaurer un parti révolutionnaire mondial du prolétariat, reliant les quelques avant-gardes éclairées de la périphérie du monde capitaliste à son cœur prolétarien le plus solide au moyen d'un appareil centralisé, l'Internationale communiste, ou Komintern. Or, dans les années 1930, deux hommes, rigoureusement opposés l'un à l'autre, dominent la vie politique internationale. Franklin Delano Roosevelt et Adolf Hitler arrivent en effet au pouvoir en même temps, en février 1933, comme pour accomplir une épopée symbolique. Ils disparaîtront pratiquement le même mois, mars-avril 1944. Ces onze années sont aussi les principales du règne de Staline.

Ce parallèle biographique n'est pas pour étonner les astrologues, mais il ne laisse pas moins de fasciner les historiens. La montée du système démocratique américain du *New Deal* et celle du système nazi allemand du IIIe Reich sont rigoureusement simultanées, et l'une et l'autre ont comme résultat fondamental de mettre fin, chacune à leur manière, aux espérances socialistes nées de la grande phase d'industrialisation des années 1850.

En réalité, au lendemain de la Seconde Guerre mondiale, le mouvement ouvrier classique, né de Marx, et dont la révolution d'Octobre avait pu sembler la douteuse mais troublante apogée, disparaît : absorbé à l'Ouest dans une démocratie généralisée et une politique libérale de gauche dont Keynes est devenu le prophète, détruit par l'acharnement le plus cruel au centre de l'Europe par Hitler, transformé jusqu'à devenir totalement méconnaissable dans l'Union soviétique de Staline, où il est même procédé à l'immolation pure et simple du parti bolchevik produit par la révolution d'Octobre. Quels qu'en aient été ses vices et ses vertus, ce parti était encore, par son corpus théorique, ses analyses, ses espérances, la formation de ses intellectuels, dans la continuité du mouvement ouvrier européen. Le nouveau parti communiste de l'Union soviétique qui, sagement, abandonne en 1939 l'épithète « bolchevik », n'a en effet plus grand-chose à voir, y compris dans les biographies individuelles de ses membres, avec ce parti originel très largement éliminé, physiquement cette fois-ci, par Staline dans les années 1937-1938.

Mais, en tout cas, l'espérance bolchevique, celle d'une révolution du centre du monde capitaliste, est brisée définitivement par le *New Deal* d'un côté, plus efficacement encore par le nazisme de l'autre. La classe ouvrière organisée, et porteuse d'une espérance socialiste culturellement distincte du capitalisme, disparaît en tant que telle. Après 1945, ce qui réapparaîtra sous le nom de « social-démocratie » dans toute l'Europe de l'Ouest, Allemagne comprise, est une continuation et un élargissement du rooseveltisme, et ce qui se continuera sous la forme du parti communiste dans ces mêmes pays entretient des liens beaucoup plus étroits avec le stalinisme qu'avec le léninisme.

Aussi peut-on considérer que, dans son fondamentalisme toujours inaccessible, le trotskysme, continué après 1938 par une IVe Internationale bientôt éclatée en petites chapelles, est le vrai détenteur de ce Graal qu'a été le marxisme de la génération de 1910 (1910, parce qu'il est même antérieur, dans bien de ses partis pris, à la révolution d'Octobre, et commun à certains socialismes de gauche proches de Rosa Luxemburg et du syndicalisme révolutionnaire dans lequel il recrute tout autant que dans les dissidences communistes). Et, par son existence même, le mouvement trotskyste nous indique, comme un baromètre politique, la présence d'un problème historique majeur.

En même temps, grâce à l'extraordinaire créativité du développement historique, le mouvement communiste, non seulement survit à l'échec de son projet, mais parvient à se développer beaucoup plus vite et beaucoup plus puissamment une fois libéré de celui-ci. Le névrosé gagne puissamment à devenir pervers, au moins dans un premier temps.

Et, en ce sens, il y a un véritable génie de Staline. Non pas le génie qu'on lui prêtait à l'époque de stratège infaillible – sa conduite des opérations durant la Seconde Guerre mondiale laisse encore la place à de sérieuses critiques –, ni non plus le visionnaire d'un monde qui vient. Staline n'a ni l'acuité intellectuelle de Trotsky ni la rigueur morale et stratégique de Lénine. Il met finalement, au service d'une situation complètement transformée, un mélange de cruauté sans borne et de bon sens permanent qui va lui permettre de traverser à sa manière le plus terrible incendie de l'histoire mondiale, la période 1933-1945, et même d'en sortir tel un demi-dieu, vainqueur de la plus grande épreuve jamais infligée à une nation et apparemment capable de dicter sa loi au monde. Certes, il ne s'agira que d'une apparence, qui se dissipera, mais il faut bien, comme le dit Aristote, « sauver les phénomènes », rendre compte de ce qui a été perçu par des millions de contemporains : Comment le stalinisme, projet qui se développe sur les cendres du projet communiste initial, réussit-il ? Ou, pour le dire dans les termes de Cornélius Castoriadis, pourquoi la barbarie a-t-elle pu être un débouché possible à l'échec du socialisme ?

Le stalinisme réussit d'abord et avant tout parce qu'il fait consciemment, et sagement, le deuil de la révolution léniniste. Avec lui, plus d'attente de la révolution allemande. Homme du Caucase qui ne séjourna que brièvement à Vienne quelques semaines en 1913, Staline n'y croyait d'ailleurs pas, et s'il n'a pas vraiment voulu hâter la venue de Hitler au prétexte que ce dernier serait tout de suite remplacé par une révolution prolétarienne, un des arguments dont il a pu effectivement user, il n'a surtout pas voulu d'une révolution allemande parce qu'il imaginait que celle-ci déséquilibrerait profondément son projet russe. Pas de révolution allemande, c'est la leçon de 1923, sans une forte entente entre le parti communiste et la social-démocratie, sans un rapprochement de l'une et de l'autre, tel que les austro-marxistes comme Otto Bauer le prônent encore depuis Vienne, et tel que l'aile droite du parti communiste avec Heinrich Brandler, un des grands personnages oubliés de cette histoire, le voulait encore en 1928.

Il se trouve que Staline va opter pour la liquidation du mouvement communiste allemand avant d'avoir opté pour la liquidation du mouvement communiste russe, mais ce prologue est très important pour comprendre le reste de sa démarche. Staline accorde donc sa confiance à un docker de Hambourg, Ernst Thälmann, qui succède à la pléiade d'intellectuels romanesques, romantiques et à demi-fous, pour la plupart juifs, qui avait dirigé le parti jusqu'alors. Avec Thälmann, la stalinisation du parti commence : une organisation solide, liée à Moscou, disciplinée, et militarisée. Malheureusement, Thälmann, plutôt bon vivant, y laisse régner une atmosphère de satrapisme qui fait tache au milieu de la rigueur révolutionnaire et prolétarienne de l'époque. C'est ainsi que le trésorier du parti, son ami Jon Wittorff, est pris la main dans la caisse. Or, Thälmann, l'homme dévoué à Staline, constituait une pièce maîtresse dans la lutte qui se menait à ce moment-là – nous sommes en 1929 – au sein même de l'Internationale communiste, contre les nombreux partisans de Boukharine, dont Brandler et virtuellement tous les chefs communistes européens partisans du Front unique avec la social-démocratie.

Staline, non seulement garantit l'impunité à Thälmann, mais passe à la contre-attaque. Il dénonce l'ensemble de ses adversaires qui souhaitaient *mezzo voce* un rapprochement avec la social-démocratie, comme les « conciliateurs » *(Versöhnler)*, qui doivent être éliminés.

Pour cela, il fait concocter par ses services idéologiques une théorie de la stratégie mondiale dite de la « troisième période révolutionnaire », où il annonce, coup de chance, le début d'une nouvelle tempête révolutionnaire pour 1929. Or, celle-ci va bien avoir lieu, à

Wall Street, mais sans que cette analyse soit liée à la moindre lucidité économique des théoriciens du Komintern. Ce faisant, il entraîne tous les partis communistes d'Occident dans un affrontement total et sans répit contre la social-démocratie, notamment allemande, désormais baptisée « social-fascisme », pour mieux rompre les ponts avec la stratégie léniniste du front unique, à un moment où le chômage de masse va affaiblir le réformisme syndical dans la République.

Cette ligne ultra-gauchiste, « troisième période », de dénonciation du « social-fascisme », va apporter des mécomptes épouvantables au mouvement communiste occidental. Elle ne s'explique que par la volonté de Staline de tenir à Thälmann et d'empêcher la prise de pouvoir au sein du parti communiste allemand par Brandler et son allié Arthur Ewert, élément qui l'aurait gêné dans sa manœuvre russe. On voit là comment, dans les grandes affaires du mouvement communiste international, Staline agit souvent par le petit bout de la lorgnette.

De cette décision, née de l'indélicatesse d'un trésorier, va naître, comme dans la théorie fractale où le battement de l'aile du papillon peut produire des cyclones, une série ininterrompue de catastrophes. C'est en effet au nom de cette théorie de la « troisième période » que les communistes vont unir, un certain temps, leurs efforts à ceux des nazis, tout en les combattant violemment dans la rue, dans un climat formidablement aggravé par la crise de 1929, dans l'espoir d'affaiblir le gouvernement social-démocrate prussien qui présidait aux destinées des deux tiers de l'Allemagne de l'époque, et de donner à une République de Weimar déjà vermoulue le coup de boutoir qui allait lui être fatal.

Ce développement de l'ultragauchisme communiste n'est d'ailleurs pas à l'origine des succès rapides du communisme allemand. Ceux-ci seraient venus, quelle qu'ait été la position assumée par Staline, vus l'ampleur de la crise économique, l'échec de la social-démocratie et des syndicats à protéger les ouvriers jeunes contre le chômage de masse, puis la lassitude de la population allemande devant une nouvelle plongée dans l'abîme qui rappelle, en l'aggravant, l'hyper-inflation de 1923. Dans ces conditions, un parti communiste moins gauchiste eût tout simplement recueilli les mêmes suffrages des jeunes ouvriers et des jeunes intellectuels, tout en gardant avec le parti social-démocrate des rapports assez solides pour faire front à la montée de l'extrême droite. (Là aussi, nous en avons la trace possible sous la forme des diverses scissions de gauche du SPD, comme le SAP de 1931, dont fut membre Willy Brandt, et qui auraient sans aucun doute fait mouvement vers un parti communiste moins sectaire.) Car, comme le montre l'historien Ian Kershaw, il est par ailleurs hors de question d'imaginer que la montée du parti communiste dans la République de Weimar ait servi de prétexte à la naissance, cette fois-ci sur le modèle mussolinien, d'un parti « communiste des petits-bourgeois », eux aussi désireux d'en découdre : le parti national-socialiste des travailleurs allemands (NSDAP).

Ce parti proposait au contraire de défendre l'Allemagne d'abord en éliminant la République de Weimar et la bourgeoisie libérale juive, ses ennemis principaux et déclarés, et, ce faisant, d'endiguer préventivement une nouvelle vague révolutionnaire, dont l'Allemagne était d'ailleurs très loin en 1930, comme le prouve le résultat des élections de l'année suivante. On ne retrouve pas en Allemagne la peur des « Rouges » qui a porté le fascisme italien au pouvoir. Le parti communiste certes double ses voix, mais n'atteint que 15 %, et communistes et sociaux-démocrates ensemble restent aux alentours de 38 %. On a plutôt assisté, à la faveur de la crise de 1929, à un transfert de voix sociales-démocrates vers les communistes, les jeunes essentiellement, mais pas du tout à une poussée de la gauche dans la société allemande.

Bientôt, le parti communiste allemand sera englouti avec le parti social-démocrate, malgré un revirement et un redressement en 1932, quand Staline commence à se convaincre qu'il faut opposer quelque résistance aux avancées de Hitler. Pendant quelques mois, le parti communiste coopère davantage avec le parti social-démocrate, et vote par exemple pour une dissolution du Parlement élu en 1931 qui aurait peut-être empêché l'arrivée de Hitler au pouvoir. Mais, en réalité, il est trop tard.

On sait maintenant que, si le parti communiste a tardivement changé son fusil d'épaule, et pas de façon véritablement efficace, ce n'est pas du tout parce que Staline s'était converti à l'idée d'une alliance avec la social-démocratie, mais parce que le brillant général von Schleicher, le dernier chancelier de Weimar, que les Russes connaissaient bien puisqu'il négociait avec eux depuis dix ans l'application des accords de Rapallo, avait besoin d'un petit soutien à sa politique d'isolement de Hitler par scission et ralliement de la gauche nazie de Gregor Strasser ; c'est donc pour soutenir un général conservateur courageux, préfiguration des conjurés du 20 juillet 1944, et non la social-démocratie, que le parti communiste s'oppose *in extremis* à Hitler.

L'effondrement de 1933, s'il est une catastrophe de civilisation pour l'Europe, une autre catastrophe pour le parti communiste allemand qui ne s'en est jamais relevé, n'en est en revanche pas une pour Staline ; car, dès le lendemain de cette défaite de caractère mondial, il se durcit dans la conviction que les partis communistes du monde occidental doivent vivre leur vie et, tout en étant fortement et clandestinement contrôlés par l'Union soviétique à travers les envoyés du Komintern, acquérir un enracinement national, déconnecté d'une stratégie révolutionnaire unifiée.

Il se produit dès lors un basculement de longue durée de la géopolitique du mouvement communiste. Jusqu'à la fin de 1933, la conception que les bolcheviks se faisaient de l'Europe était dominée par leur fascination de l'Allemagne, au point d'ailleurs de faire de cette révolution allemande à venir l'épicentre d'une réorganisation de l'Europe socialiste future, dans le sens des conceptions les plus nationalistes de l'ancien Grand État-Major de Ludendorff : détachement de l'Alsace-Lorraine de la France (le parti communiste d'Alsace-Lorraine, séparatiste, ne sera dissous par Thorez qu'en 1935), reconstitution d'une Grande Hongrie au détriment de tous ses voisins, démantèlement du royaume yougoslave au profit d'une Croatie et d'une Slovénie indépendantes, repli de la Pologne vers l'ouest par avancée de l'Union soviétique, soutien à la Bulgarie en Macédoine, à la Turquie face aux Grecs, Arabes et Arméniens.

L'ampleur et le succès total de la répression anticommuniste en Allemagne après l'incendie du Reichstag, et la levée de toutes les libertés politiques au printemps 1933, la conclusion par Hitler d'un pacte de non-agression avec la Pologne du maréchal Pilsudski, à l'automne 1933, sont un démenti complet des conceptions défendues par Staline : Le chef ne pensait-il pas que Hitler reviendrait après quelques manifestations de force à la politique réaliste de son état-major, préservant les accords de Rapallo ? Or, rien de tel ne se produit. Hitler, anticommuniste sincère, autrichien et catholique, piétine les affinités russophiles de son armée prussienne et protestante, s'engage résolument dans une nouvelle politique de substitution de l'Allemagne à la France dans la tutelle des États autoritaires de l'Europe de l'Est qui ont empêché l'extension de la révolution d'Octobre vers l'ouest. Il s'agit désormais de repousser une Russie affaiblie par la rupture de son pacte social avec la paysannerie et de mener conjointement une politique d'expansion à l'Est dont l'aboutissement ne peut être que l'Ukraine soviétique (déjà abandonnée par Lénine à Brest-Litovsk en 1918).

L'Angleterre conservatrice des frères Austen et Neville Chamberlain peut parfaitement tolérer une telle politique à l'Est de l'Allemagne. Staline met encore quelques espoirs dans le retour du général von Schleicher, allié aux « chemises brumes » de Röhm ainsi que dans l'hostilité initiale de Mussolini pour Hitler après la première tentative d'annexion de l'Autriche par les nazis, fin 1934. Il imposera dans ce contexte une réhabilitation partielle du fascisme italien par le parti communiste d'Italie en exil !

Ces espoirs comploteurs étant vite déçus, Staline se résigne, avec beaucoup de réticences et de réserves mentales, à entamer sa querelle historique contre Hitler avec ce qui reste debout de la social-démocratie européenne, en France, Espagne et Grande-Bretagne, et à transférer sur la France de la IIIe République en déclin, des pratiques et analyses qui étaient en usage dans l'Allemagne de Weimar : flatteries au nationalisme local qui aboutit à remplacer les nationaux-bolcheviks allemands par les radicaux « Jeunes Turcs » français de Pierre Cot et Jean Zay, alliance militaire signée par Pierre Laval en 1935 qui se substitue aux accords de Rapallo, transfert de l'appareil du Komintern et de l'espionnage de Berlin à Paris, avec Willy Münzenberg et ses services de propagande et la Banque soviétique (BCEN) dirigée par l'ancien menchevik Dimitri Navachine, qui sera l'interlocuteur privilégié du gouvernement avant d'être assassiné par la Cagoule en 1937.

Mais ce tournant, toujours tactique, dans l'esprit de Staline, qui demeurait constamment fasciné par l'Allemagne hitlérienne, aura des effets à long terme, de caractère stratégique, qui lui échappent en bonne part : c'est en effet sous l'impact de cette mutation que le mouvement communiste européen déplace durablement son centre vers la France et les pays méditerranéens (Espagne avant 1939, Italie et Grèce après 1945). Émerge ainsi une véritable identité nouvelle, fondée sur cinq traits inédits et durables qui entérinent une certaine rupture idéologique avec le bolchevisme des origines.

1 / Une réhabilitation de la Révolution française, du jacobinisme étatiste et du rationalisme scientifique des Lumières, lequel engendrera l'école historique de Mathiez, Lefebvre et Soboul en France, les philosophies de Georges Politzer et du second Lukács (en polémique avec Bertold Brecht, défenseur de l'ancien credo weimarien dans ses exils successifs), la réévaluation du rôle de l'État républicain par Palmiro Togliatti pendant la guerre d'Espagne, le cinéma parlant, parfois bavard, de Jean Renoir opposé à celui d'Eisenstein.

2 / Un déplacement sociologique du communisme du prolétariat industriel vers la « plèbe » démocratique, qui implique une réévaluation positive de la paysannerie propriétaire, en France sous le Front populaire, en Espagne où les communistes s'opposent à la « collectivisation » anarchiste des terres en Aragon, en Italie dans l'après-guerre ; une réconciliation avec les intellectuels et les classes moyennes qui jouent un rôle sans commune mesure dans la vie du parti par rapport aux années 1920 allemandes, si l'on songe à la France de 1936 ou à la France et à l'Italie de la Libération (Picasso, Aragon, Joliot-Curie).

3 / Une pratique de la violence révolutionnaire qui s'opère en alliance avec d'autres forces politiques alliées, plus modérées, autour d'un objectif qui n'est plus l'instauration de la dictature du prolétariat : défense de la

République en Espagne, avec entrée de ministres communistes au gouvernement, résistance armée en France occupée, finalement grâce à Jean Moulin sous l'autorité du général de Gaulle, participation au pouvoir en Italie dès 1943, et même tentative de partage du pouvoir en Grèce par des partisans communistes presque tous paysans et intellectuels.

4 / Une stratégie d'alliances internationales qui n'est plus purement déterminée par la défense de l'Union soviétique assiégée : aide (insuffisante) de la France et du Mexique à la République espagnole, de la Grande-Bretagne à la résistance française, même communiste, et encore des Anglo-Saxons, même réticents, aux partisans italiens et grecs.

5 / Une théorie de l'État et de la société, sensiblement différente du léninisme, tournée vers la recherche de l'édification d'une « hégémonie » progressive des idées communistes dans toute la société, combinée avec des phases actives, « machiavelliennes », de montée vers le pouvoir d'État. Il appartenait à un « Grand Enfermé », le secrétaire général du PCI Antonio Gramsci, arrêté par Mussolini en 1927, et exclu, pendant un temps, dans sa prison, de tout contact avec ses camarades qui le tenaient pour dissident, de formuler dans ses *Cahiers de prison,* sous une forme souvent littéraire et volontairement obscure, la théorie véritable de ce grand déplacement. Son successeur et ami Togliatti publiera partiellement les *Cahiers* en 1947 dans l'Italie libérée et ceux-ci deviendront peu à peu la véritable Bible de l' « eurocommunisme », lequel atteindra son apogée intellectuelle au milieu des années 1970.

C'est ce communisme antifasciste qui prend naissance entre le 6 février 1934 à Paris et les barricades de Madrid et de Barcelone en 1936. Il va continuer à irradier de ses rayons l'ensemble de l'Europe du Sud-Ouest jusqu'au milieu des années 1970, créant ainsi une géopolitique particulière de cette région du monde où l'influence communiste ne se démentira pas. Au contraire, le communisme allemand, cassé par la politique stalinienne dès 1929, ne retrouvera jamais son influence. Après la guerre, c'est un communisme plus soviétique que nature qui sera imposé en Allemagne de l'Est, sans jamais créer de véritable adhésion de masse.

L'Asie connaît un bouleversement de son identité communiste non moins spectaculaire, mais de nature différente, dans la transformation du parti chinois par Mao Tsé-toung. Trois étapes principales marquent cette transmutation. 1 / Tout d'abord, de 1929 à 1933, avec un apogée pendant l'année 1931, la constitution de soviets paysans insurrectionnels par les rescapés des insurrections de Shanghai et des villes côtières, puis la Longue Marche proprement dite, qui assure le transfert de cette première armée rouge au nord-est du pays (Shaanxi), au contact de la frontière soviétique. On assiste ainsi au passage d'un mouvement d'avant-garde ouvrier en un mouvement de guérilla paysanne qui se substitue aux seigneurs de la guerre en jouant sur l'anarchie territoriale. 2 / Puis le Kuo Mintang, le parti nationaliste au pouvoir, doit renoncer à l'extermination de ce mouvement, et se trouve même obligé de le courtiser pour faire face à la pression japonaise, incomparablement plus sérieuse, qui se concrétise au nord, dès 1931, par l'annexion de la Mandchourie. 3 / Troisième étape : on passe des atermoiements du Kuo Mintang à la conclusion d'une alliance en bonne et due forme, après l'incident de Xian, à la Noël 1936, où le maréchal Chiang Kaïchek est fait prisonnier par son rival, le jeune maréchal mandchou Chang Xueleang, favorable à une alliance avec les communistes contre le Japon. Staline impose alors aux communistes chinois la libération de Chiang Kaïchek en échange de la conclusion par ce dernier d'un véritable « Front populaire chinois ».

Peu après, l'invasion générale japonaise de 1937 ruine le pouvoir central, qui doit se réfugier au cœur du pays, à Chungking, dans le Sechouan, abandonnant l'essentiel de la « Chine utile », depuis Pékin jusqu'à Canton, aux envahisseurs nippons. Le parti communiste chinois bénéficie très largement de cette nouvelle réalité en assumant trois visages différents, qui là aussi vont façonner durablement la longue durée de l'histoire du communisme asiatique :

- une armée de mieux en mieux structurée, mais qui demeure pour l'essentiel l'arme au pied, à Yenan, véritable capitale de la Chine rouge, que rallient de nombreux intellectuels et où Mao Tsé-toung expérimente la « Démocratie nouvelle » et prêche sa propre doctrine, à la barbe des envoyés de Staline ;
- un mouvement de noyautage de l'appareil d'État du Kuo Mintang, conduit avec un succès certain par Chou En-lai, qui dirige la délégation du parti à Chungking et entretient dès cette époque des relations fructueuses avec Américains et surtout Britanniques (auxquels il garantit, contrairement au Kuo Mintang, le retour de Hong-Kong en leur possession) ;
- une résistance clandestine tenace et souvent héroïque parmi les élites urbaines soumises à l'occupation japonaise (les « zones blanches ») au nom du patriotisme chinois et de l'union nationale avec les « bourgeois patriotes », dirigés depuis Shanghai par Liu Shaoshi.

La réunion de ces trois composantes en 1949 explique la combinaison ultérieure d'une armée autoritaire, paysanne, égalitariste, placée au cœur du parti et non à sa périphérie comme en Union soviétique, d'une diplomatie souple face à l'Occident et de courants pragmatiques, voire prudemment philo-capitalistes et libéraux dans les élites urbaines. La révolution culturelle (1966-1976) contraindra les communistes chinois à élucider douloureusement ces contradictions, au départ fécondes incarnées jusqu'au bout par Lin Biao, Chou En-lai et Liu Shaoshi.

De cette organisation résulte un parti de masse, le plus puissant du monde après le parti soviétique, et d'une nature bien différente, le parti communiste de Chine, qui, édifié en apparence, sur la base d'une idéologie occidentaliste de départ, le communisme stalinien, d'ailleurs privé en Chine de toute référence réelle aux expériences des Fronts populaires comme de l'« édification soviétique », aboutit bien vite à une formule entièrement nationale : l'alliance des mandarins réformateurs et des paysans sans terre pour débarrasser la Chine de son statut semi-colonial et restaurer sa grandeur sous l'égide d'un véritable « empereur rouge », Mao Tsé-toung, héritier des « légistes » anticonfucéens de l'Antiquité.

À la différence des communistes européens, quelque peu réservés à l'endroit du « culte stalinien de la personnalité », les Chinois adoptent par ailleurs sans état d'âme l'esprit monarchiste du nouveau communisme russe, avec son « Petit Père des peuples », en jouant sur un vieux fond culturel : la restauration des Ming, ces empereurs paysans qui chassèrent les Mongols et furent chassés par les Mandchous, et dont se réclament encore la plupart des Triades.

On retrouve cette alliance et cette restauration impériale au Viêt-nam, avec Ho Chi Minh, qui, bien que de formation plus classique (il fut un temps responsable des immigrés « coloniaux » au comité central du parti communiste français et ne rejeta jamais, à la différence de Mao, l'héritier mandarinal confucéen), ne va pas tarder à tirer toutes les leçons du communisme chinois. La diaspora chinoise, mobilisée dans la lutte antijaponaise, diffusera le nouvel évangile rouge en Malaisie (Ching Peng) et en Indonésie, où elle fera jonction avec la paysannerie sans terre de Java, hostile aux bourgeois musulmans féodalisés des villes, alliés au Japon pendant la guerre. Le maoïsme se heurte en Inde à des résistances culturelles. Bien que la situation japonaise soit sans équivalent, le maoïsme touche même le communisme nippon, dans la mesure où un certain nombre de ses militants comme Sanzo Nosaka trouvent refuge en Chine et travaillent à Yenan à la démoralisation des troupes japonaises et à l'élaboration d'un programme très modéré pour l'après-guerre, qu'ils conçoivent déjà avec le maintien de l'empereur !

C'est là un étonnant paradoxe : au moment même où la révolution stalinienne détruit en Russie les liens de la révolution d'Octobre et de la paysannerie, la révolution communiste chinoise qui se réinvente avec Mao les rétablit, au nom d'une sorte de « boukharinisme radical » qui fait à la fois des paysans les acteurs authentiques de la révolution et déplace l'axe de celle-ci des villes vers les campagnes, avec une réhabilitation culturelle intégrale de la tradition chinoise. Ainsi doivent se lire les dialogues que mène Mao avec le grand sage confucéen Liang Shuming à Yenan, ses conférences apparemment libérales sur la littérature, ou encore le rôle joué par Lu Xün, le plus grand écrivain chinois de son temps, dans la politique culturelle du parti, exactement en parallèle de celui joué par Louis Aragon dans la France du Front populaire.

Nous avons donc bien ici un deuxième démembrement du mouvement communiste, avec la naissance d'un communisme asiatique. Nous devrions même envisager un quatrième et éphémère communisme qui, bien que faible en effectifs, va s'avérer très important par les conséquences de son activité : c'est le communisme anglo-saxon, anglais et américain, un communisme souterrain, singulièrement lié à l'espionnage et au noyautage des formations démocratiques, travaillistes britanniques et démocrates rooseveltiens.

À l'origine de ce « mouvement », le parti travailliste anglais, vaste mouvement très peu organisé, et dont le parti communiste à sa naissance était partie intégrante en tant que « société de pensée ». Chassés par la porte du parti travailliste dès 1922, les communistes y reviennent par la fenêtre en l'infiltrant grâce aux syndicats, de militants qui y adhèrent directement et qui y jouent un rôle croissant à partir du tournant des Fronts populaires (il y avait encore plus de 50 communistes clandestins dans le groupe parlementaire travailliste de la fin des années 1960). De l'infiltration à l'espionnage politique, il n'y a qu'un pas que les communistes anglais vont franchir dans les années 1930, compte tenu de l'importance des adhésions intellectuelles qu'ils recueillent au lendemain de l'effondrement du gouvernement travailliste de 1931 et de la crise morale provoquée en Angleterre par l'avènement du nazisme et le flirt poussé des classes dirigeantes avec celui-ci.

Au cœur du système de formation des élites britanniques, les Universités d'Oxford et surtout de Cambridge vont ainsi fournir au mouvement communiste : 1 / une avant-garde intellectuelle d'historiens marxistes des plus brillants : Maurice Dobb, Christopher Hill, Eric Hobsbawm ; 2 / des sympathisants plus ambigus mais souvent tout aussi militants : l'économiste italien Piero Sraffa, conservateur des manuscrits de Gramsci, le philosophe analytique Wittgenstein, après la guerre, son collègue Bertrand Russell, revenu du libéralisme, ou des élèves de Keynes ralliés au socialisme comme Joan Robinson ; 3 / de véritables espions, recrutés initialement par le Komintern et que les vicissitudes de l'époque font aboutir dans les services secrets britanniques : Kim Philby, Burgess, Maclean, Cairncross ou l'Américain Michael Straight et le grand critique d'art Anthony Blunt. Certains, comme le grand physicien Haldane, peuvent même être rangés dans les trois catégories à la fois, selon les périodes de leur vie.

Aux États-Unis, un intellectuel doué, Earl Browder, devenu secrétaire général du parti au début des années 1930, s'inspire du modèle britannique. À la fin de la même décennie, le communisme américain, avec seulement 100 000 militants, contrôle la moitié du grand syndicat ouvrier, le CIO. Il est parvenu à placer des hommes de confiance dans les universités, à Hollywood, dans la presse, et même à la Maison-Blanche (le conseiller juridique Raymond Dugan et le conseiller économique Harry White) et au Département d'État, là aussi en transformant des militants en espions. Dès 1942, il aidera à l'infiltration de plus de quarante agents dans le programme nucléaire américain (May, Fuchs, Hall).

Ce quatrième communisme dont l'épicentre est anglo-saxon, celui des espions et des agents d'influence, reste néanmoins un communisme de la catacombe et de la clandestinité. Il n'en a pas moins eu une influence certaine, comme son lointain prédécesseur, le catholicisme jésuite anglais au XVIIe siècle, et provoqué en réponse l'hystérie maccarthyste des années 1950, qui lui conférera rétrospectivement l'auréole du martyre.

Tous ces communismes ont chacun leurs forces et leurs faiblesses. Mais, considérés en simultanéité et même dans l'hypothèse d'une compréhension complète et réciproque des desseins souvent contradictoires des uns et des autres, ils sont incompatibles dans la durée, dès lors que l'extrême chaleur et l'extrême pression du temps de l'antifascisme se seront progressivement dissipées.

Les idéologues soviétiques ne s'y tromperont d'ailleurs pas et frapperont d'interdit les écrits de Gramsci, qui préfigurent une critique démocratique du stalinisme, ainsi que ceux, trop pragmatiques, de Mao Tsé-toung qui ne trouveront grâce à leurs yeux qu'à l'époque khrouchtchévienne, au cours de la brève détente sino-soviétique de 1954-1957. Pourtant Staline, en feignant souvent d'être l'organisateur de phénomènes qui le dépassent, parviendra à conclure une alliance politique de ces trois forces avec l'Union soviétique qu'il forge dans des flots de sang. Cette alliance un peu précaire vient suppléer opportunément l'éclatement de l'utopie en fournissant la perspective d'un internationalisme transformé.

Le plus étonnant de cette période de démembrement et d'extinction du communisme originel, c'est la renaissance immédiate de ses cendres du phénix d'un communisme contradictoire, inconséquent mais fécond. Celui-ci plonge aussi bien dans les sociétés européennes que dans les sociétés asiatiques de puissantes racines. Tandis que Staline réussit à créer autour de lui, en Union soviétique ainsi que dans l'Internationale communiste, une garde prétorienne qui résiste aux pires épreuves.

Mais qu'en est-il du centre du mouvement, de l'Union soviétique elle-même ? Quelle aura été, dans ce moment d'éclatement du projet communiste, la part du projet stalinien proprement dit ? Car, au fond, la biographie de cet homme reste insaisissable, malgré les considérables efforts érudits qui ont été consacrés à la démêler. On ne sait trop s'il a été un agent provocateur de la police tsariste avant 1914, comme croyait l'avoir établi un groupe de « tchékistes » (membres de la police politique) qui le paieront de leur vie en 1937, ou plutôt, c'est plus vraisemblable, un homme que Lénine y avait infiltré de son propre fait pour mieux contrôler les opérations de l'Okhrana contre le parti ; en tout cas, c'est un homme compliqué, fasciné par la clandestinité et ses rites, avec une biographie géorgienne qui l'enracinait du côté des bandits d'honneur caucasiens beaucoup plus que dans la tradition d'un mouvement ouvrier qu'on a du mal à trouver dans sa région natale, même s'il s'est beaucoup arrogé les mérites des grèves de 1905 à Bakou. Staline est en fait un modernisateur autoritaire, dans la tradition des grands tsars de Russie, doublé d'un conspirateur moyen-oriental. L'opération dans laquelle il s'engage, à la différence d'un Trotsky qui la voyait plus indolore qu'elle n'était, lui en mesurait parfaitement les conséquences.

Il savait qu'elle aboutirait à une guerre ouverte contre la paysannerie russe, tout entière insurgée pour maintenir la propriété privée, chèrement acquise en 1917, sans interférence de l'État. Il n'en avait cure, car, en voulant soumettre la paysannerie, il pensait aussi que la réalisation d'une industrialisation socialiste, telle qu'il la concevait, servirait de base à une société nouvelle, laquelle se différencie déjà fortement de la société rêvée par les bolcheviks et leurs alliés littéraires futuristes. Staline, dès cette époque, réhabilite un patriotisme soviétique qui n'est pas encore le patriotisme russe de la guerre, mais qui est en nette rupture avec l'internationalisme passé. Il s'en prend au formalisme, à l'art moderne, aux avant-gardes esthétiques, et réintroduit un style dit industriel dont, à bien des égards, les réalisations font penser au style de peinture ou d'architecture fasciste, avec un retour au réalisme et à l'académisme qui n'a pas manqué de frapper ses contemporains.

Staline introduit également dans le marxisme une réhabilitation de l'État, n'hésitant pas sur ce point à « corriger » Engels, ainsi que, sur le plan pratique, une véritable classe nouvelle : la classe ouvrière d'État, qui n'est pas la classe ouvrière à l'ancienne, résultat d'un processus organique d'industrialisation où se développent des associations politiques et culturelles naissant de la base, des syndicats, ou même des soviets de 1918, mais le produit d'un paternalisme d'État généralisé ; on arrache les paysans pauvres à la terre, on les jette sur des grands chantiers où l'État assure un système de rémunération et de promotion rapide, qui est moins fondé sur l'appartenance à un groupe social stable que sur la mobilité et la docilité.

On a souvent développé l'idée d'un appauvrissement généralisé des ouvriers soviétiques, d'une diminution sensible des salaires à partir du premier plan quinquennal de 1930, d'une brutalité de l'industrialisation qui avait arraché la classe ouvrière traditionnelle, qualifiée et protégée par des syndicats de tendance boukharinienne (Tomsky), qui existait encore en 1929, à son ordre ancien. On fait ainsi assez facilement du stalinisme une forme de répression anti-ouvrière. C'est vers cette solution interprétative que le trotskysme a évolué dans sa dénonciation de la bureaucratie. En réalité, comme de nombreuses études le montrent aujourd'hui, le stalinisme contourne ce problème, qui est par ailleurs bien réel, en assurant la promotion massive des ouvriers hors de l'usine. C'est dire que cette classe ouvrière d'État a aussi pour caractéristique d'être fort peu qualifiée, très hiérarchisée et très mobile. Les ouvriers de 1929, quand ils n'ont pas été éliminés pour des raisons de rébellion, sont promus immédiatement contremaîtres parce qu'il faut, dans ces usines où les jeunes paysans arrivent continuellement, comme des contingents de jeunes soldats, les former du jour au lendemain. Quand ils ne sont pas contremaîtres, ils sont bombardés ingénieurs après être passés par une faculté ouvrière, une *rabfak,* qui distribue des diplômes dont la nature est plus idéologique que technologique. Khrouchtchev comme Kossyguine en seront issus.

Bref, s'il est vrai que le même métier est beaucoup moins payé en 1931 qu'il ne l'était en 1928, en revanche ce ne sont plus les mêmes hommes qui l'exercent, et l'ascension généralisée de cette population, jeune et novice, sonne la fin des campagnes russes, en un immense transfert, accéléré par la brutalité de la répression.

Aussi peut-on considérer cette industrialisation stalinienne de deux manières. D'un côté comme un gigantesque triomphe prométhéen : en l'espace de quelques années (1930-1938), le nombre de personnes employées dans l'industrie a plus que décuplé. Staline a créé une véritable société nouvelle, arrachée à la terre, à la religion traditionnelle, organisée dans des villes gigantesques, parfois dans des cités-dortoirs au sens propre du terme, où les gens dorment sur des lits de camp dans de véritables casernes, mais accèdent aussi au prestige de l'urbanisation, à l'alphabétisation, à une consommation culturelle qui n'est pas négligeable, puisqu'elle comprend le théâtre de Stanislavski et les films d'Eisenstein, Poudovkine, Dovjenko, ainsi qu'à des opportunités dues à la vie industrielle et à ses à-côtés.

Mais l'industrialisation stalinienne, qui assure un plein emploi à des niveaux de salaires dérisoires mais ravitaille les villes en priorité, arrache les gens à une condition paysanne qui s'est aggravée dans le même temps de manière considérable. Il faut comprendre que la possibilité d'arriver à Moscou en travaillant sur le chantier du métro, d'être transféré dans une grande ville où le ravitaillement est à peu près assuré, de devenir rapidement contremaître ou, c'est la même chose, jeune officier dans l'Armée rouge, sont autant de moyens considérables de promotion, qui peut ensuite s'accélérer par les moyens propres du parti unique. Le terme *vidvijenets*, « promu », va devenir d'un usage courant dans le russe de l'époque.

Vassili Grossmann en a immortalisé certains spécimens dans *Vie et destin*.

Incontestablement, la révolution stalinienne, et elle se distingue en cela autant d'une révolution fasciste que du système autoritaire du passé, est une promotion sociale en masse de ceux qui acceptent, et ils sont nombreux, de suivre aveuglément le régime. Ce mouvement induit l'irruption d'une classe sociale nouvelle qui, bien évidemment, se traduit dans la vie du parti ou dans celle des organismes périphériques.

De l'autre côté, ce succès inespéré est aussi une tragédie sans fond, la fin des campagnes russes avec non pas les révoltes sporadiques que Staline attendait et dont il pensait pouvoir venir à bout, par sa police, mais bel et bien une insurrection généralisée des campagnes russes. Deux tiers du bétail est spontanément abattu par les paysans qui refusent de le livrer aux nouveaux kolkhozes (exploitations collectives), et des milliers de petits soulèvements – les archives le montrent aujourd'hui – ont lieu sur tout le territoire. Cette fois, la brutalité bolchevique ne s'exerce plus contre un adversaire de classe, armé et résolu, mais contre de malheureux paysans, des femmes, des enfants, qui simplement se défendent contre des mesures d'une dureté exceptionnelle, qui les condamnent à la paupérisation.

Cette vaste entreprise de collectivisation des terres aboutit, sans préméditation mais dans la folie utopique de l'époque, à la plus grande famine suscitée de main d'homme dans l'Europe contemporaine, celle de l'Ukraine de 1932 qui, à elle seule, condamne probablement 4 à 5 millions de personnes, dont une grande partie d'enfants et de vieillards mal nourris. De cette famine d'Ukraine, qui a vu quelques cas de cannibalisme et partout une détresse sans nom, les campagnes soviétiques ne se relèveront presque nulle part : les Kazakhs racontent que, pendant cette période, les animaux étaient plus nombreux que les hommes, et la collectivisation mongole elle-même, qui a lieu dans la foulée, laissera le souvenir d'une atroce flaque de sang sur le désert de Gobi.

Toute la société traditionnelle russe est brisée, son ressort est cassé, et, pour les kolkhoziens qui survivent comme ils le peuvent dans le dénuement le plus total, l'exode rural apparaît comme la voie du salut. Plus de 60 % des conscrits d'une classe paysanne du début des années 1930 décident de ne pas retourner à la campagne et de rester à la ville. C'est ainsi que l'un des grands agents de la révolution, cette paysannerie russe entreprenante, active, relativement ouverte sur le monde, avec un potentiel démocratique souligné par tous les observateurs, disparaît pour laisser place à une population en partie hébétée, rescapée de la famine, sombrant dans l'alcoolisme et qui va se couler dans un système collectif administré qui devient sa perspective unique. Vaincue par une répression atroce, ses meilleurs éléments ont soit été éliminés comme *koulaks,* soit cooptés comme auxiliaires d'un nouveau régime collectiviste dont les bienfaits sont, en réalité, limités aux villes.

Ainsi, la Russie paysanne redevient-elle la colonie d'exploitation d'un archipel de villes socialistes dans lesquelles règne un pouvoir autoritaire. Cet effondrement moral, cette perversion de l'éthique socialiste s'accompagnent d'un succès incontestable de l'industrialisation. En effet, si l'industrie plus complexe de l'après-guerre se prêtera moins facilement à la planification soviétique, l'industrie encore élémentaire des années 1930 (énergie, sidérurgie, métallurgie, constructions mécaniques) sera bien maîtrisée par une société dynamique où, d'ailleurs, une partie de l'utopisme révolutionnaire des années 1920 se reconvertit en un utopisme économique et technologique des années 1930. C'est ce que l'écrivain Benjamin

Kavierine appelle le « passage du romantisme du calcul au romantisme calculé », c'est-à-dire la dégénérescence d'une révolution culturelle qui devient une culture du développement pour le développement, avec les exploits des aviateurs et des ouvriers de choc sur le modèle de Stakhanov.

Mais, et c'est cela le plus important, dès le début des années 1930, malgré l'épouvantable climat créé par cette famine et ces horreurs, la société qui émerge de cet effort, pantelante mais réelle, est une société viable. Ce n'est pas la société communiste que Trotsky appelait de ses vœux. Mais c'est bien la réalisation d'une espérance, celle de l'école eurasienne de l'émigration, de ces philosophes des années 1920, les « poseurs de jalons » *(smenovekhovtsy),* qui appelaient Staline à conduire un pouvoir fort et à reprendre la longue marche, commencée sous le tsarisme, d'une modernisation autoritaire non occidentale. À bien des égards, Staline a suivi les conseils de cette école eurasienne et méprisé ceux des marxistes-léninistes classiques.

Bien évidemment, nous parlons ici d'un prologue qui se joue dans le ciel des idées, avec les panégyriques d'Alexeï Tolstoï ou les bons conseils gratuits dispensés par Kojève après 1945, en exergue, mais ces idées vont très vite prendre une tournure concrète et meurtrière. Car la défaite communiste en Allemagne, la montée de Hitler et la victoire mitigée de la collectivisation vont paradoxalement donner à la vieille garde bolchevique une ultime chance de se relever, qui sera le prélude à son anéantissement.

Le tournant est concrétisé, fin 1933, par le procès Dimitrov. Délégué de l'Internationale communiste à Berlin, le leader bulgare Georges Dimitrov, ancien partisan de Boukharine accusé d'avoir incendié le Reichstag, se défend comme un beau diable devant le tribunal nazi. Un accord secret soviéto-allemand permet de le faire expulser. Il ressort en héros de cet épisode, et le voici bientôt (janvier 1934) chargé par Staline de réorganiser l'Internationale communiste en direction de la France et de la Chine lorsqu'il arrive en héros à Moscou pour prendre les commandes d'un Komintern rajeuni et remis en activité vers l'antifascisme. Commencent alors les événements de l'hiver 1934, en Espagne (grève des Asturies et tournant autoritaire du nouveau régime républicain), en Autriche (insurrection social-démocrate de « Vienne la rouge » contre le clérico-fascisme de Dolfuss, appuyé alors sur le succès de Hitler) et en France (manifestations antirépublicaines du 6 février), lesquelles portent en définitive un premier coup d'arrêt à la poussée fasciste en Europe et autorisent pour l'endiguer l'alliance des partis communistes de l'Occident européen avec les partis sociaux-démocrates et même les partis libéraux de gauche comme les radicaux français, les divers mouvements républicains espagnols et le parti socialiste national de Benes en Tchécoslovaquie.

Or, cette tentative correspond désormais à la nouvelle politique étrangère soviétique, qu'incarne Maxime Litvinov, et à une nouvelle orientation intérieure que défendra avec fougue un homme qui fut pourtant un fidèle lieutenant de Staline aux pires moments de la collectivisation, Sergueï Kirov, le secrétaire du parti à Leningrad, véritable numéro deux de l'appareil dont les critiques apparaissent de plus en plus clairement dans le courant de l'année 1933 et au début de 1934.

Là se joue l'acte II de la révolution : Staline considère que le parti bolchevik, dont il hérite, même épuré par la collectivisation, demeure un obstacle fondamental à la réalisation de ses desseins. Il estime que le processus de promotion sociale auquel il a donné naissance par l'industrialisation est de nature à lui fournir un autre parti, bien meilleur. Dans un premier temps, il ne mesure pas totalement le danger, et organise le XVIIe Congrès où il est virtuellement mis en minorité par des délégués surchauffés, qui font une acclamation formidable et factieuse à Kirov. Les derniers discours de Kirov, inaccessibles aux historiens avant 1989, sont en effet le début d'une contestation fondamentale de Staline et la manifestation de la volonté d'un retour à l'esprit de la révolution d'Octobre. C'est dans ce contexte que Staline se voit imposer un processus de réconciliation globale avec les tendances les plus hétérodoxes du parti, marqué par la réhabilitation de tous les vieux bolcheviks : Boukharine redevient directeur des *Izvestia* ; même Zinoviev, l'ancien président du Komintern, reprend du service. Un manifeste clandestin, écrit par le Tatar Rioutine, souhaite même le retour de Trotsky allié à Boukharine ! Le moment semble venu de se serrer les coudes et d'imposer à Staline une ligne unitaire avec la social-démocratie européenne et une réconciliation avec la population soviétique traumatisée. Staline sortira donc de toute solidarité bolchevique en faisant assassiner Kirov (décembre 1934). Thermidor n'aura pas lieu mais la Terreur installera son spectacle permanent, une issue que n'avait pas prévue Trotsky.

Certes, on émet aujourd'hui quelques doutes sur ce meurtre. C'est faire bon marché des accusations précises de Khrouchtchev, en 1962, du mobile, les menées antistaliniennes de Kirov, et du déclenchement immédiat, dès l'hiver 1935, de la purge qui aboutira à la destruction du parti en 1936-1937... Nous entrons ainsi dans le cauchemar des procès de Moscou et des arrestations de masse. Ici, bien sûr, un certain révisionnisme s'est aussi donné libre cours dans les années 1970, tendant à trouver des explications nouvelles au phénomène. Les esprits d'alors ont en effet été frappés par la révolution culturelle de Mao, et par le sentiment que ce dernier avait pu perdre le contrôle des Gardes rouges.

Aussi, un certain nombre d'historiens révisionnistes, comme en France le Hongrois Gabor Rittersporn, ont essayé de calquer le récit de la révolution culturelle chinoise sur la Russie, en montrant un Staline ayant déchaîné finalement une vague meurtrière de répressions et de dénonciations qui se nourrit elle-même dans un processus social dont il avait perdu le contrôle. D'autres, comme Arch Getty et ses émules aux États-Unis, ont essayé de minimiser le nombre des victimes, dont on a pu parfois constaté l'exagération. À présent, avec les ouvertures d'archives, on peut se faire une idée plus exacte : les chiffres sont effectivement très élevés, pas loin de ceux que donnait Robert Conquest dès le début des années 1960, c'est-à-dire au moins 800 000 fusillés dans les années 1936-1937, dont plus de 600 000 cadres communistes, environ 6 ou 7 millions de déportés au Goulag, dans des conditions très pénibles sinon mortelles (il n'y a pas de vrais camps d'extermination en Union soviétique, même la Kolyma).

L'expulsion des vieux militants du parti, la transformation du parti bolchevik en une nouvelle organisation, dont Staline et Molotov, son Premier ministre, avec quelques vieux bolcheviks au sommet, assurent la continuité apparente mais qui rompt intellectuellement avec le passé d'Octobre, marquent bel et bien la naissance d'une seconde révolution, encore plus radicale que la première, qui instaure le régime soviétique véritable ; l'expression « seconde révolution » devient d'ailleurs d'usage courant dans l'apologétique stalinienne de la fin des années 1930.

Ce régime soviétique, débarrassé en son sein de Kirov, de Boukharine et des tendances réformatrices pour au moins une génération et demie, va également essayer de se débarrasser, sur sa face externe, de l'Internationale communiste : ce sont tous les procès de communistes étrangers, liés les uns à Zinoviev (le Hongrois Bela Kun notamment), les autres à Boukharine (les dirigeants polonais et allemands en exil), qui sont impitoyablement exécutés. Certains, qui ne sont pas arrêtés, voient des prises d'otages réalisées dans leur propre famille : le beau-frère de Togliatti, Paolo Robotti, et le fils du Finlandais Otto Kuusinen sont ainsi envoyés au Goulag avec les deux co-inculpés bulgares de Dimitrov au procès de Leipzig, Popov et Tanev. Ainsi la direction du Komintern est-elle paralysée. Des projets plus larges encore étaient en préparation, comme l'historien soviétique Arkady Vaksberg l'a montré, tels que la liquidation de la totalité de l'appareil de l'Internationale communiste, y compris Dimitrov et Jacques Duclos, qui n'échapperont à ce triste sort qu'en raison des contradictions intervenues dans cette répression.

Mais dire que Staline a été, à un moment ou à un autre, débordé par des événements dont il n'avait pas prévu toute la gravité, paraît aujourd'hui intenable au vu de la publication des différentes instructions du chef. La vérité est que Staline a dirigé lui-même cette répression, dont l'ampleur a par ailleurs fini par paralyser le fonctionnement normal du pays. C'est donc sous cette pression, vers 1937-1938, qu'il finit par freiner non pas l'ensemble de la répression mais ses conséquences ultimes, ne serait-ce que parce qu'il craignait que Iejov, l'homme chargé de toute l'opération, ne devienne trop puissant.

Il faut par ailleurs faire entrer ici en ligne de compte la politique étrangère. Staline a aussi, par la même occasion, essayé de freiner les engagements de l'Union soviétique vis-à-vis des fronts populaires et des partis communistes occidentaux, par haine de la démocratie, en engageant d'emblée des discussions directes avec les services secrets nazis : c'est l'arrière-plan de l'affaire Toukhatchevski. En liquidant l'état-major de l'Armée rouge qui souhaitait une alliance avec la France et l'Angleterre pour encercler l'Allemagne, soit une bonne centaine de généraux et plus du triple d'officiers d'état-major dont heureusement quelques-uns sortiront juste à temps du Goulag, entre 1939 et 1941, Staline envoie un message de paix sans ambiguïté à Hitler. Celui-ci le recueille en indiquant sa disponibilité à traiter et à s'engager vers un pacte de non-agression, ce même pacte que la propagande soviétique ultérieure fait habilement remonter à 1938 et à Munich, et qui est en réalité déjà en marche fin 1937. Ses prémices sont en effet déjà engagées lorsque sont arrêtés Toukhatchevski, puis Iegorov, Blücher, Yakir, les principaux chefs militaires de l'Union soviétique et quelque 280 officiers supérieurs d'état-major.

À partir de là, la décision de Staline de réorganiser l'Armée rouge signifie clairement qu'il ne peut ni ne veut en aucun cas mener des opérations offensives avant une période de cinq à dix ans. Cette politique est d'autant plus liée à Hitler que, pour sceller leur coopération, Staline a accepté, par l'intermédiaire de l'agent Skobline que les services secrets de la SS forgent eux-mêmes les documents incriminant Toukhatchevski dont il a eu besoin pour la vaste campagne d'intoxication qu'il réserve à ses alliés français et tchèques.

Staline est désormais l'épicentre d'une révolution soviétique russe qui n'a plus rien de mondial dès lors qu'ont disparu parti bolchevik russe, Komintern et état-major de l'Armée rouge. Il entend par ailleurs, dans cette nouvelle logique nationale, maintenir des liens diplomatiques importants avec certains États qu'il ne combat qu'en apparence, les pays fascistes, ainsi que des liens politiques avec les social-démocraties européennes, mais non sans méfiance et inquiétude car il continue à voir lucidement dans la social-démocratie et le marxisme traditionnel les adversaires principaux de son entreprise.

C'est la même raison qui le conduit, dès 1937, à fixer aux services secrets pour tâche prioritaire l'assassinat de Trotsky et le démantèlement de son mouvement. Staline qui s'est vu imposer, du temps de l'ascendant de Kirov, une alliance à l'ouest, va consciemment essayer de la dénouer. Mais, pour cela, il prendra tout son temps, diminuant lentement mais sûrement son aide à l'Espagne républicaine, tout en y appesantissant la répression interne de ses opposants et des trotskystes réels ou supposés, freinant l'action des communistes français de Maurice Thorez dans la France du Front populaire et, surtout, attendant de la crise tchécoslovaque qui éclate à Munich en 1998 que les Occidentaux eux-mêmes, emmenés par Chamberlain, fassent le premier pas dans le rapprochement avec Hitler. Il jouera magistralement le coup suivant, avec le quatrième partage de la Pologne et le pacte germano-soviétique de l'été 1939. À cette date, la révolution « est glacée ». Le trotskyste Victor Serge dira plus poétiquement : il est minuit dans le siècle.

Chapitre IV

LE TRIOMPHE ET LA TRAGÉDIE

À partir de 1939, les ambiguïtés sont levées. Tout d'abord, ce qui avait été la politique souterraine de Staline, c'est-à-dire l'entente avec le nazisme, apparaît au grand jour : c'est le pacte germano-soviétique dont la détonation provoque dans le mouvement communiste des ondes de choc qui se répercuteront parfois jusqu'aux années 1960, les opposants au pacte germano-soviétique au sein du mouvement, Togliatti, Browder, Mao Tsé-toung, devenant des opposants latents à la politique générale de l'Union soviétique.

Mais, surtout, cet éclatement a pour conséquence, dès le déclenchement de la Seconde Guerre mondiale, d'entraîner très vite Staline dans une situation qu'il maîtrise mal. Après la chute de la France, qu'il n'avait jamais imaginée si rapide ni si complète, Staline commence à changer son fusil d'épaule. Il esquisse un rapprochement avec les Britanniques et réhabilite un certain nombre de ses généraux. Beria, le chef de sa police depuis la destitution de Iejov, avec une amnistie générale mise en œuvre fin 1939, tente ainsi de préparer la Russie à la guerre en tirant un trait sur la période la plus sanglante. Mais, en même temps, Staline, parce qu'il est prisonnier de Hitler et du rapport de forces créé en 1940, tout en menaçant parfois ce dernier ou en se faisant moins complaisant, notamment pendant la crise yougoslave du printemps 1941, n'a pas cessé d'espérer un second pacte, une seconde chance : en multipliant les actions potentiellement hostiles contre Hitler, depuis le début de la résistance communiste en France pendant l'hiver 1941, jusqu'à l'accord de non-agression avec le Japon du printemps de la même année, il prend soin de les présenter comme l'autre face du pacte, comme la possibilité de le maintenir, voire de l'étendre et de le renforcer, pour peu que les Allemands prennent Moscou au sérieux. Finalement, n'ayant absolument pas compris la résolution de Hitler à l'anéantir, Staline n'a cessé de mépriser les avertissements qui lui étaient faits par ses excellents services secrets, et cru aux manœuvres de désinformation nazies qui lui laissaient penser pouvoir éviter le conflit au moins jusqu'en 1943.

À partir de 1941, c'est la guerre qui, dans un premier temps, montre l'extrême fragilité de l'Union soviétique. L'armée, majoritairement formée de recrues paysannes démoralisées, se décompose en l'espace de quelques mois pendant la bataille des frontières. Les populations qui ont été annexées, celles des pays Baltes ou d'Ukraine occidentale, autrefois polonaises, accueillent au début les troupes allemandes en libératrices. Il faudra l'extrême sauvagerie de l'agression allemande et son absence totale de perspective politique offerte aux populations pour qu'il en aille autrement.

Mais, après trois mois de difficultés immenses, le régime se ressaisit, se réorganise, et Staline tire, de façon plus radicale encore qu'en 1935-1936, les conséquences de la nouvelle donne : le patriotisme russe est réhabilité, l'Église orthodoxe est rétablie partiellement dans ses propriétés et son rôle, en tout cas dans sa légitimité, les aspects directement communistes du régime sont gommés au profit d'une espèce de nouvelle synthèse populiste et populaire du léninisme et du tsarisme traditionnel. Un bon nombre de prisonniers du Goulag capables de tenir une arme, notamment les militaires, sont libérés et renvoyés au front à la tête de leur troupe. C'est également une période où les libertés intellectuelles sont très largement tolérées sinon rétablies dans le cadre d'une ferveur patriotique bien réelle. Aussi peut-on énoncer que la première expérience démocratique du communisme a bel et bien eu lieu entre 1941 et 1944. Vassili Grossman en fera un apologue extraordinaire dans l'épisode de « La maison au-delà du fleuve », de *Vie et destin,* où les défenseurs de Stalingrad se retrouvent ensemble, prêts à mourir mais dans un climat de liberté et d'euphorie qui est déjà le dépassement en acte du moment soviétique proprement dit. C'est certes l'expérience de la mort, du sacrifice, mais aussi de la liberté retrouvée. Tout le XXe Congrès de Khrouchtchev se trouve en puissance dans l'héroïsme des combattants de Stalingrad, mais aussi dans l'ouverture forcée des rangs du parti à la masse des soldats, qu'ils soient paysans ou intellectuels.

C'est toute l'ambiguïté de cette leçon de Stalingrad où le parti, hier organisation fermée et hiérarchique, s'ouvre à tous les combattants, distribue des cartes d'adhérents dans les tranchées et, finalement, change lui-même de nature au fur et à mesure du combat gigantesque qui se déroule, intégrant en son sein des pans entiers de cette société paysanne encore transformée en paria quelques mois auparavant. À travers le front et l'épreuve commune de la résistance aux Allemands, le parti retrouve sa place dans la société soviétique. Bref, traumatisme sans commune mesure avec tout ce que l'on avait connu (probablement plus de vingt millions de morts, dus en particulier à l'absence de système sanitaire satisfaisant au front comme à l'arrière, mais aussi à la barbarie inouïe de l'occupation allemande), et, parallèlement et de la même manière, épreuve démocratique essentielle, la guerre sauve le régime stalinien de lui-même et contre ses principes.

Qu'aurait été ce régime dominé, dans un pacte de plus en plus léonin, par l'Allemagne nazie, négociant à la petite semaine sa survie dans une « Europe purifiée » sous la férule de Hitler ? Certainement pas un régime qui aurait conservé l'estime et l'admiration des masses populaires d'Europe de l'Ouest, mais probablement une expérience autoritaire russe parmi d'autres, dont le caractère, prestigieux et messianique, aurait disparu pour de bon et où les aspects dictatoriaux se seraient appesantis, jusqu'à ce que, peut-être, Beria ait ourdi un coup d'État populiste d'orientation pro-américaine, à la manière dont certains officiers anglophiles avaient éliminé Paul Ier, sympathisant de Bonaparte, au profit d'Alexandre Ier, sympathisant de William Pitt.

Placé dans la situation la plus dure qu'une société ait pu traverser, le communisme russe s'émancipe finalement des étroitesses du projet stalinien et invente un stalinisme libéré, c'est-à-dire une expérience, toujours autoritaire, eurasienne, de modernisation accélérée, mais comportant une participation populaire importante. Cette dynamique aura redonné trente ans de vie à un régime pourtant gravement défaillant.

Stalingrad symbolise cette résistance acharnée non pas de la classe ouvrière, qui n'existe plus à ce moment-là, mais du peuple, non pas soviétique, mais d'un peuple russo-ukrainien étendu à ses marges caucasiennes et centre-asiatiques, galvanisé par l'intelligentsia juive qui y joue un rôle central, et uni contre l'invasion allemande. Ce peuple est mû par des valeurs antifascistes qui le rapproche, bon an, mal an, ce qui inquiète énormément Staline, non plus de la social-démocratie allemande, torpillée en 1929, mais de cette démocratie autrement plus solide que celle de Weimar qu'est l'Amérique rooseveltienne, auprès de laquelle, les juifs, une fois encore, sont les ambassadeurs ambigus.

Ce modèle de stalinisme finalisé, de stalinisme éthique, qui est celui de la Seconde Guerre mondiale, s'étend bien entendu à toute cette Europe slave où le régime nazi entreprend la même guerre de race. Quand bien même certains Ukrainiens sont susceptibles de collaborer avec les Allemands, comme ils l'ont fait durant la Première Guerre mondiale, les perspectives que leur ouvre l'occupation allemande sont bien faibles.

Et quand bien même la population polonaise reste profondément empreinte de préjugés antirusses et anticommunistes, la politique d'extermination des élites polonaises, sans parler du génocide juif entrepris sur son territoire, la stratégie de destruction de la société polonaise menée systématiquement par l'occupant allemand vont rapprocher comme jamais les peuples polonais et russe. En témoigne l'implantation d'un parti communiste véritablement polonais, tout en demeurant dirigé par un noyau révolutionnaire juif, à partir des mouvements de partisans des Carpates aux forêts de Lituanie, qui vont accueillir l'Armée rouge et être à l'origine de la naissance d'un authentique communisme polonais, renforcé par le retour d'ouvriers immigrés à l'Ouest, tel que Gierek.

En Tchécoslovaquie, le combat en faveur de l'identité slave menacée d'extinction, l'occupation allemande dans les pays tchèques, le régime fantoche slovaque, créent des résistances : cela débouchera sur l'insurrection nationale slovaque de 1944 ainsi que sur le passage massif de la classe ouvrière tchèque au parti communiste. Le nouveau parti de Gottwald, Clementis et Slansky remporte 46 % des voix aux élections libres organisées à la libération.

Surtout, dans les Balkans, se développe un mouvement des partisans, très proche par son idéologie et ses pratiques du bolchevisme de la Russie de la guerre civile. Il s'agit aussi d'un mouvement géopolitique que l'on ne peut tout de suite qualifier nationalement. Son épicentre est serbe, bien qu'il ne soit pas nationaliste serbe, mais yougoslave d'esprit sous l'impulsion de cet extraordinaire chef révolutionnaire qu'est le Croate Josip Broz Tito. Mais le mouvement des partisans s'étend bien au-delà vers le Sud, à travers cette zone des trois frontières, en Albanie, surtout après l'effondrement italien de 1943, et gagne la Grèce où il va devenir majoritaire dans le peuple : c'est l' « esprit de la Montagne » qui gagne Athènes, les îles, Chypre, et même l'armée grecque d'Égypte, désarmée par les Anglais. Il atteint enfin la Bulgarie lorsque s'effondre le régime monarchique, et pousse ses antennes en Hongrie, dans le petit parti communiste, actif à Budapest, que dirigent Janos Kadar et Laszlo Rajk, à ce moment-là en relation étroite avec les partisans de Tito, voire avec les quelques communistes nationaux roumains, comme Lucreziu Patrascanu, qui dans la clandestinité complotent pour renverser le régime dictatorial d'Antonescu après Stalingrad.

Il y a donc tout un communisme est-européen qui se met en place et qui a pour colonne vertébrale ce mouvement des partisans de Tito, lui-même relié à un autre authentique mouvement populaire, celui des partisans soviétiques et polonais dans les zones occupées par l'armée allemande.

Cette rénovation majeure provoque également la transformation du stalinisme en France et en Italie, où les partis communistes jouent chacun dans des circonstances différentes, une partition particulière mais très significative. En France, le parti dissous en 1939 par le gouvernement Daladier pour cause de pacte germano-soviétique, échappe par là même à un douloureux débat, puis se reconstitue dans le feu de l'action entre 1940 et 1942. Ses actions de résistance (marche des étudiants parisiens du 11 novembre 1940 et grève des mineurs du Pas-de-Calais d'avril-mai 1941) sont effectivement antérieures à l'entrée en guerre de l'URSS. Par la suite, le mouvement des FTP (Francs-tireurs et partisans), appuyé sur une forte contribution de l'immigration (espagnole, polonaise, juive et italienne), représente, sous la direction de Charles Tillon, la première force armée clandestine. Parallèlement, de jeunes intellectuels communistes et communisants se sont retrouvés dans des mouvements de résistance indépendants, tel Libération-Sud, et ont joué un rôle important dans l'unification des Mouvements unis de résistance (MUR), ainsi qu'au Conseil national de la Résistance. À la libération de Paris, on trouve à la tête des opérations deux sur trois des membres du Comac, le Comité d'action militaire de la Résistance, Pierre Villon (FTP) et Maurice Kriegel-Valrimont, alors sympathisant du parti (pour les MUR), ainsi que le chef militaire des FFI d'Île-de-France, Henri Rol-Tanguy, ancien d'Espagne.

En Italie, le parti organise dès avant la chute de Mussolini une grève insurrectionnelle violente à l'usine Fiat de Turin (hiver 1943), puis, dès l'invasion allemande de l'automne de la même année, il prend la tête, avec ses brigades Garibaldi, du mouvement partisan d'Italie du Nord, qui libérera lui-même Milan et Turin en 1945, sous la direction de l'ancien inspecteur général des Brigades internationales d'Espagne, l'ingénieur Luigi Longo, qui ordonnera seul l'exécution de Mussolini.

C'est du reste la peur de la diffusion de ce modèle dans la péninsule Ibérique qui va amener les Occidentaux à agir avec de plus en plus de circonspection dans leurs menées pour contraindre Franco à lâcher le pouvoir, puis va les amener à renoncer à cet objectif et accepter le maintien de la dictature franquiste de façon indéterminée. Mais, même malgré la dure férule du franquisme, l'existence d'un puissant parti communiste sous-jacent va constituer une donnée permanente de l'Espagne.

Si le renforcement de la tradition du front populaire permet aux partis communistes français et italiens de jouer un rôle décisif à la libération dans leur société respective, le renforcement du parti communiste chinois bénéficie pour sa part de l'inertie militaire de Chiang Kaïchek et des négociations secrètes de ce dernier avec les Japonais, pour apparaître aux yeux de nombreux Chinois de toutes conditions comme le véritable détenteur de l'avenir national chinois, dans une période particulièrement tragique.

De même, l'effondrement du pouvoir colonial français au Viêt-nam et hollandais en Indonésie ouvre la voie aux puissants partis communistes inspirés des doctrines chinoises, le PC vietnamien de Hô Chi Minh et le PC indonésien d'Aïdit.

Donc, d'un côté, confirmation des fronts populaires mais, de l'autre, transformation positive du communisme russe, qui réussit de manière inégale ; la Roumanie et la Pologne restent des pays réticents au communisme, la Tchécoslovaquie et la Bulgarie, la Yougoslavie sont de très bons conducteurs, au contraire de la Hongrie, hors Budapest ; mais finalement même s'il reste de vastes zones « blanches », toute l'Europe de l'Est bascule dans un modèle de société forgé dans la résistance armée, en partie paysanne, appuyée par l'Armée rouge, qu'on va baptiser « démocratie populaire » : combinaison originale d'une véritable révolution sociale inégalement développée selon les pays et d'une extension des frontières soviétiques vers l'Ouest.

Le communisme semble donc bien, sur ses trois zones géopolitiques principales, en position de triomphateur, de « maître de l'home ».

La tragédie vient rapidement. D'abord parce que cette réorganisation du communisme constitue d'emblée pour Staline un danger évident pour la cohésion de l'URSS. Il est contraint à la prudence en raison de l'ampleur des destructions intervenues sur le territoire soviétique et au sein du parti lui-même saigné à blanc qui ne lui permettent pas de rompre avec les États-Unis, cherchant plutôt à obtenir le maximum de ses interlocuteurs occidentaux.

Il ne veut pas non plus donner l'alerte trop tôt, car nombre de dirigeants des démocraties populaires, entraînés par Georges Dimitrov, retourné en Bulgarie fin 1944, désirent en effet maintenir une situation « coexistentielle » avec les Américains. La plupart des chefs communistes à l'Est souhaitent en effet que les régimes mixtes d'Europe occidentale, où les communistes sont associés au pouvoir sans le contrôler, soient maintenus le plus longtemps possible. À charge pour les pays de démocratie populaire de faire une petite place aux partis non communistes et de donner le change avec un pluralisme de façade. En échange, ces pays pourraient bénéficier d'échanges commerciaux importants avec l'Occident et donc reconstituer leurs potentiels, très profondément atteints. À Moscou même, Lavrenti Beria, chef de la police politique et du nouveau programme nucléaire, ainsi que Grigori Malenkov, patron des industries de défense, partagent ces vues modérées.

Derrière cette menace, Staline peut en voir une autre : les projets de réconciliation des classes en Russie. On parle déjà (l'agronome Venjer) de rendre les machines et tracteurs aux paysans alors qu'ils devaient jusque-là payer fort cher leur matériel agricole, subventionnant ainsi l'industrie lourde. On parle bien entendu de laisser une plus grande part de liberté critique à la littérature, au théâtre. Bref, ces discussions, qui ont commencé dès la fin de la guerre et qui se traduisent par un sorte de dégel hésitant, l'inquiètent profondément.

Contre ces courants libéraux qui naissent de la guerre, Staline va dans un premier temps arbitrer en faveur d'une sérieuse reprise en main mais sans l'étendre à la politique étrangère. Celle-ci aurait dû être menée par son principal collaborateur le commissaire politique général Chtcherbakov, mais ce dernier, atteint d'un cancer, meurt en 1944. La purge sera, faute de mieux, conduite par un lieutenant que Staline n'apprécie pas totalement, mais dont il partage alors les analyses nationalistes exaltées, Andrei Jdanov. Ce dernier a été le chef du parti à Leningrad, jouant un rôle décisif dans la défense de la ville. C'est aussi, paradoxalement, un homme qui appréciait les Allemands et se montrait favorable à une conception « large » du pacte germano-soviétique avant 1941. Quoi qu'il en soit, Jdanov invite avec ses décrets de 1946 sur la littérature et sur l'art à la reprise en main par le parti.

Il s'agit, ni plus ni moins, de reconstruire le contrôle social du parti. Partout dans les campagnes, c'est la reprise du collectivisme franc alors que l'on avait laissé plus ou moins les paysans sortir de fait du carcan des kolkhozes ; dans l'armée, c'est la remise en place des commissaires politiques et bientôt la mise à l'écart du maréchal Joukov. C'est également l'exaltation du mouvement des partisans, jugé authentiquement communiste par opposition à l'armée professionnelle ; c'est enfin le début d'une politique étrangère plus agressive à l'égard des États-Unis et la reconstitution, fin 1947, d'un Komintern qui ne dit pas son nom, le Kominform (Bureau d'information des PC d'Europe).

Jdanov, pendant un temps, obtient de Staline des responsabilités de plus en plus grandes et, même si ce dernier ne désavoue pas totalement ses adversaires, il donne au premier la place principale. Or, celui-ci a pour principal allié extérieur le maréchal Tito, qui apparaît lui aussi à la tête de cette révolution yougoslave comme l'authentique héros « de gauche » par rapport à ceux qui se seraient résignés à la démocratie populaire, aux côtés des partis bourgeois, tels le Tchèque Gottwald, le Polonais Gomulka et même Dimitrov, qui la théorise. Staline n'est donc pas mécontent de voir Tito, homme de Jdanov, gêner Dimitrov dans sa tentative de regrouper les pays des Balkans en une fédération unitaire, dont le poids stratégique gênerait l'hégémonie soviétique. Le prestige de Tito est tel que, bien qu'ancien subalterne de Dimitrov, il lui tient tête et devient ainsi le principal pion soviétique, un pion stalinien dans la région.

Mais Jdanov chute paradoxalement en 1947-1948 sur trois échecs simultanés. D'abord, le siège de Berlin-Ouest, prématuré, et l'ampleur imprévue de la réponse américaine, du plan Marshall à la constitution de l'OTAN ; ensuite sur une reprise en main idéologique qui ne pouvait que s'arrêter au programme nucléaire, où il n'est pas question de mettre en cause la physique moderne de Joffé, Zeldovitch et Sakhozov, ce qu'entreprend maladroitement Jdanov ; et enfin sur l'alliance avec Tito, lequel s'est servi du premier mais conserve un nationalisme yougoslave affirmé qui lui vaudra rapidement des ennuis avec Moscou dès qu'il refusera d'intensifier les livraisons de produits locaux à l'URSS.

En 1948, la rupture de Staline avec Tito, suivie à brève échéance par la mort, sans doute naturelle, de Jdanov, marque la fin du processus politique d'expansion soviétique en Europe. La révolution grecque, lancée sur des bases jdanoviennes d'affrontement sans concession, s'effondre dans le sang (200 000 morts) et avec elle le communisme grec qui se relèvera difficilement, dans la semi-clandestinité des années 1960, de son erreur stratégique, pour scissionner définitivement en 1968, un an après l'instauration de la dictature des colonels. Le siège de Berlin est levé et Staline renonce finalement à son objectif : s'emparer de la ville, et verrouiller ainsi sa zone d'occupation en Allemagne. Mais la guerre froide maintenant déclarée se présente plutôt mal. La sécession yougoslave a finalement des conséquences extrêmement graves pour Staline. La reprise en main par le Kominform, successeur seulement régional du Komintern, dissous en 1943, ne suffit pas à compenser la perte de prestige idéologique du schisme yougoslave.

Aussi les années suivantes sont-elles marquées par le repli de l'Union soviétique sur elle-même dans l'aggravation de ses contradictions. Procès en cascade des dirigeants nationalistes des partis communistes depuis Gomulka en Pologne jusqu'à Kostov, le bras droit de Dimitrov en Bulgarie. Dimitrov mourra lui-même, désavoué publiquement, dans des circonstances peu claires dans un sanatorium soviétique à la fin de 1949. Au même moment, se déroulent en Union soviétique les procès de tous les jdanoviens, suivis d'une nouvelle vague de répression, déclenchée cette fois par les modérés, Beria et Malenkov, qui soldent ainsi leurs comptes avec le défunt (l'affaire de Leningrad).

Nous entrons dans une période confuse et inquiète, où l'URSS est de nouveau une forteresse assiégée, menacée par l'OTAN et la suprématie américaine en matière nucléaire. Dans ce combat obscur, Staline se rend compte qu'il n'est plus tout à fait le maître de son parti et de son pays comme il l'était encore en 1939. La guerre a, en effet, non seulement entraîné ces excès libéraux qu'il déplore, mais aussi la constitution de ces immenses fiefs verticaux qui résistent à son pouvoir. Staline, qui n'a jamais été le grand génie politique qu'on imagine, ne découvre que progressivement à quel point il n'est plus tout à fait le maître chez lui, ce qui l'entraîne dans une fuite en avant.

À partir de 1950, avec la dénonciation de ses collègues du bureau politique et l'appel à une nouvelle révolution qui de nouveau chasserait les usurpateurs, c'est la dernière campagne antidroitière d'un homme qui, finalement, est resté fidèle à ses conceptions sectaires et sanguinaires du début à la fin de sa vie. Cette campagne commence d'une manière extrêmement prégnante par les procès de Prague de 1952, où sont mis en cause d'une manière globale les dissidents tchécoslovaques partisans de la démocratie populaire avant 1948, les hésitants devant le pacte germano-soviétique de 1939 (Vlado Clementis avait eu ses doutes), les juifs de l'appareil accusés en masse de sympathies sionistes. Bientôt, un second procès, en Géorgie, met indirectement en cause Beria et son clan régional « mingrélien ». Et l'annonce du « complot des médecins sionistes », fin 1952, donne lieu à une immense campagne à caractère antisémite, qui aurait pu déboucher sur une déportation en masse des juifs de Russie au Kazakhstan. Là encore toute la vieille garde du bureau politique est indirectement mise en cause.

Devant cette tentative d'éliminer ses vieux camarades, ceux-ci ayant parfaitement compris ses méthodes pour les avoir souvent appliquées à leur profit, Staline se heurte finalement à des résistances et des réticences. Quand il meurt en mars 1953, on peut se demander s'il n'a pas été assassiné (hypothèse de l'historien russe Edward Radzinsky). L'interrogation est en tout cas légitime, car il ne meurt pas dans la sérénité mais dans une bataille de plus en plus vaste pour éliminer la vieille garde qu'il soupçonne de révisionnisme aigu et qu'il commence à perdre un mois environ avant sa crise cardiaque fatale, où il se retrouve abandonné sans soins dans sa datcha.

En revanche, en Chine, au cours de la même période, Mao s'empare du pouvoir et connaît un triomphe sans précédent, au terme d'une guerre civile de trois ans (1946-1949) qui se solde par la décomposition finale du régime de Chiang Kaïchek. Staline le soupçonnera longtemps de vouloir être le Tito asiatique, et réussira, en poussant son fidèle partisan local, le Coréen Kim Il-Sung, à faire envahir le Sud de la péninsule en 1950, et ainsi à déclencher la guerre de Corée. Les Chinois sont plongés dans un antagonisme avec les États-Unis dont ils ne peuvent plus s'extirper malgré la tentation initiale de Mao de négocier un compromis avec Washington. Néanmoins, à la mort de Staline, c'est un empire russo-chinois profondément ébranlé qui émerge, un empire où les certitudes d'antan ont cessé, où la bataille interne des organismes dirigeants est allée trop loin, provoquant cynisme et peur parmi les cadres. En Europe de l'Ouest, les espérances utopiques placées sur l'Union soviétique, notamment à partir de 1948, lorsque PCF et PCI sont chassés du pouvoir et abandonnent toute politique positive, vont faire boomerang. Et le communisme asiatique lui-même, après ses succès initiaux, marque le pas en Corée devant ses adversaires américains, le régime nord-coréen étant menacé de disparition dans les mois de 1950 qui précèdent l'intervention chinoise, voire pendant tout un temps en Indochine, face à une armée française coriace, qui trouve l'appui d'une partie importante de la population vietnamienne, effrayée par le Vietminh, tandis que les Britanniques parviennent à retourner la majorité malaise contre la minorité chinoise.

C'est la période où commencent les difficultés et où s'annonce la tragédie. On peut déjà la pressentir alors même qu'il y avait pourtant moyen d'y échapper, mais cela demandait une thérapie de choc et l'injection d'une dose massive de démocratie, en Union soviétique d'abord. C'est précisément ce que la déstalinisation ne parviendra pas à faire.

De 1953 à 1960, sept ans durant, le monde communiste est à la recherche d'une nouvelle identité. Nouvelle, car la mort de Staline ouvre le boîte de Pandore des griefs : tout le monde en a. Les premiers et les plus déchaînés ne sont pas les étrangers mais les Soviétiques eux-mêmes. Dès 1953, Beria, l'organisateur de la succession au pouvoir, orchestre lui-même une remise en cause de Staline qui serait sans doute montée en intensité si son auteur n'avait pas été éliminé deux mois plus tard (juin 1953) par ses collègues, inquiets de l'influence qu'il pouvait exercer grâce au contrôle des services secrets et à l'audace de sa politique de réunification de l'Allemagne.

On aurait pu penser la mort de Beria comme le coup d'arrêt porté à la rénovation et à l'ouverture soviétique. Il n'en sera rien. Après quelques mois d'hésitation, Khrouchtchev lui-même semble vouloir prendre à son tour les apparences d'un bon tsar démocratique, et promettre à la population cette déstalinisation que Beria avait esquissée, mais qui avait été arrêtée en chemin. Mais celle-ci n'est pas encore comprise des masses ; il lui faudra pour cela le rapport dit secret que Khrouchtchev prononce en février 1956 devant les délégués soviétiques après avoir informé quelques délégués étrangers triés sur le volet au XXe Congrès du PCUS et, d'une manière générale, la dénonciation globale des crimes de Staline, du culte de la personnalité, bref, un renversement très profond, de caractère idéologique et même religieux pour les masses influencées par le communisme.

On peut pourtant parler de déstalinisation manquée par Khrouchtchev, dans le sens où son essor est certes très rapide à partir de 1956 mais que, tout aussi rapidement, le même Khrouchtchev se heurte à la société qui rend possible cette déstalinisation, qui n'est autre que la société soviétique de 1945. En fait, une fois passées ses premières hésitations politiques et sa volonté purement tactique d'éliminer Beria et de mettre de côté Malenkov (il y parvient fin 1955), Khrouchtchev se retrouve très vite devant une croisée des chemins. Que faire ?

Il songe, à l'inverse de Staline, à ouvrir très largement le parti au peuple, donc à créer une sorte de démocratie de parti unique : le pouvoir suprême conserverait une structure plus ou moins autoritaire mais avec tout de même des ouvertures, une liberté d'expression d'abord limitée aux intellectuels (le « dégel ») et, en s'inspirant de ce que semblait avoir réussi Tito en Yougoslavie, l'autogestion de l'économie et sans doute quelques concessions aux minorités nationales. Les débuts sont éblouissants : réconciliation de Moscou avec Tito, XXe Congrès, rapport « secret » mais très rapidement diffusé sur les crimes de Staline, mise en cause du culte de la personnalité.

La Géorgie, devenue stalinienne comme en son temps la Corse avait fini, après Napoléon III, par être bonapartiste, manifeste contre Khrouchtchev et les émeutes y sont réprimées dans le sang. Mais c'est là la seule réaction négative. Ailleurs, à l'idée que l'on quitte les eaux glacées du stalinisme pour une société meilleure, un soulagement général saisit l'ensemble de l'empire soviétique.

Il faut toutefois nuancer. L'Allemagne de l'Est est hors du consensus, car Beria a voulu l'émanciper en 1953 pour favoriser une stratégie de réunification allemande, et l'échec de cet objectif y a durablement gelé la situation. Plus généralement, l'armée qui soutient la déstalinisation, parce qu'elle n'a pas apprécié les traitements mitigés qui lui ont été infligés à la fin de la guerre, veut bien en effet se débarrasser de l'image du tyran et augmenter son autonomie dans la société russe ; mais elle ne veut pas non plus d'un démantèlement de l'empire et elle freinera des quatre fers quand il en sera question, en Allemagne de l'Est puis en Pologne en 1956 et en Hongrie. Enfin, Khrouchtchev est un curieux mélange, parfaitement explicable par les données mêmes de la déstalinisation, de critique démocratique et de pessimisme autoritaire. Il y a chez lui un défenseur des paysans : il a d'ailleurs failli en mourir car Staline n'appréciait guère son laxisme en matière agricole lorsqu'il l'avait fait monter au poste de secrétaire à l'agriculture au bureau politique, en 1951, et que celui-ci voulait créer des « agrovilles » (dont la dernière formule sera la « systématisation des campagnes » par Ceausescu en Roumanie dans les années 1980). Khrouchtchev a connu la famine d'Ukraine et il en a vu les catastrophes. Mais, en même temps, cet homme assez débonnaire est un croyant du système, pensant que, libéré de ses aberrations répressives, le régime va aller plus rapidement vers le communisme, le « bonheur de l'humanité ».

Non seulement, Khrouchtchev ne croit pas que le régime doit être revu en profondeur, mais il est même persuadé qu'il est fondamentalement sain. C'est la raison pour laquelle, par conviction idéologique autant que par médiocre connaissance des problèmes, il s'oppose à toute remise en cause de la collectivisation des terres, qui ne sera réalisée que par Gomulka en Pologne, à son retour en 1957. Mieux, c'est ce qui explique qu'aucune réhabilitation ne soit faite de Boukharine et de tous ceux qui avaient critiqué la collectivisation des années 1930, présentée encore à cette époque par Khrouchtchev comme la panacée, à condition qu'on relève le prix des produits agricoles.

De même, Khrouchtchev sera-t-il toujours méfiant à l'égard de la détente en politique extérieure. À partir du moment où l'explosion de l'antistalinisme populaire, en Hongrie et en Pologne, se traduit par des insurrections en plein centre du régime, il va pour maintenir son équilibre essayer de conduire une double politique de remise en cause de l'héritage stalinien à l'intérieur et d'agressivité accrue vis-à-vis de l'Occident pour mieux se rallier les éléments réticents, notamment dans l'armée. Mais, bien sûr, une telle politique n'est possible chez Khrouchtchev que parce qu'il y croit. Il est en effet l'homme de la reconstruction de l'après-guerre, qui ne commence en Russie qu'en 1953, et encaisse les dividendes d'une croissance exponentielle de l'économie ; à l'époque, seul le Japon va dépasser sur ce plan l'Union soviétique.

Mais tout le monde à l'époque croit au miracle économique soviétique. On s'imagine que la planification permet de mettre les bouchées doubles et d'accélérer formidablement le développement. On ne se rendra compte qu'à la fin du règne de Khrouchtchev, que cette croissance n'est pas qualitative : elle ne comporte aucune amélioration comparable de la productivité du travail ou aucune élévation rapide du niveau technologique de l'industrie russe. On reconstruit comme on peut, on embauche à tour de bras, on travaille. Mais l'économie plus complexe qui naît de cette période ne va bientôt plus pouvoir soutenir les mêmes taux de croissance, ni assurer les mêmes satisfactions.

Pour l'instant, nous en sommes encore à la période euphorique où, avec le Spoutnik, conséquence inattendue des difficultés de miniaturisation de la bombe atomique l'Union soviétique devance l'Amérique dans l'espace. À ce moment-là, la confiance en soi de l'Union soviétique, mais plus dans son communisme proprement dit, est à son apogée et se traduit en particulier par une politique étrangère volontairement ou involontairement agressive. Répression brutale de l'insurrection de Budapest en novembre 1956, sans doute cyniquement nécessaire, compte tenu du degré de décomposition auquel le communisme de l'Europe de l'Est arrivait si la faille hongroise n'avait pas été comblée rapidement ; mais aussi regain des affrontements est-ouest avec l'Allemagne, qui aboutit en 1961 à l'édification du mur de Berlin pour sauver le régime est-allemand exsangue, pourtant détesté par Khrouchtchev mais qu'il est obligé de soutenir à bout de bras ; et finalement réconciliation imparfaite avec la Yougoslavie ; autant de faits qui jalonnent ces années khrouchchéviennes, contradictoires à plus d'un titre.

Par ailleurs, Khrouchtchev héritait de relations détestables avec le mouvement communiste international, relations qu'on pourrait qualifier d'incompatibilité d'humeur profonde, qui n'est pas due aux erreurs subjectives des uns et des autres mais aux orientations franchement divergentes des trois communismes fondamentaux qui naissent en 1930 des décombres du projet bolchevik et qui trouvent enfin à s'exprimer au grand jour avec la mort de Staline. L'après-guerre est bien terminé. Khrouchtchev n'est pas de taille pour y faire face.

Concernant la Chine, Staline avait laissé derrière lui une situation dégradée. Mao éprouvait un profond ressentiment de l'utilisation de l'armée chinoise en Corée, où un million de soldats avaient trouvé la mort, dont un de ses fils.

Les victoires de Hô Chi Minh, remportées avec l'aide de l'armée chinoise à partir de 1950 et qui culminent avec la capitulation de Diên Biên Phu en 1954, ne compensent que partiellement la saignée de la guerre de Corée. Aussi, contrairement à la légende, Mao accueille-t-il la modération de Khrouchtchev très favorablement. Il le qualifie même dans un article, bien entendu censuré depuis lors, de « héros paysan », pour l'opposer implicitement à Staline.

La première visite de Khrouchtchev en Chine se traduit par une véritable réconciliation entre les deux hommes et même l'espoir d'une mise en parallèle des deux révolutions. Khrouchtchev arrive d'ailleurs avec un singulier cadeau : l'aide soviétique pour un programme nucléaire entièrement indépendant, qui sera à l'origine de la bombe atomique chinoise.

Avec les Occidentaux, les choses sont plus complexes. Les prestigieux partis communistes de la Libération sortent de la catacombe après les années de la guerre froide très dures. Le PCF s'est opposé seul à la guerre d'Indochine, il a tenu tête à l'insertion de la France dans le dispositif de l'OTAN. L'Italie a frôlé la guerre civile en 1948, après que Togliatti eut été victime d'un attentat individuel. Staline n'a rien trouvé de mieux, Maurice Thorez ayant été frappé d'une crise d'hémiplégie en 1950 et Togliatti se remettant péniblement des suites de son attentat, que de les envoyer l'un et l'autre en Union soviétique pour s'y faire soigner. Ils seront pratiquement tenus en otage pendant que les hommes de Staline, Auguste Lecœur en France, Pietro Secchia en Italie, montent dans l'appareil pour essayer de le reprendre en main.

En France, Charles Tillon, ancien chef militaire des FTP, toujours soupçonné d'être un Tito français en puissance, est écarté de ses responsabilités du Mouvement de la paix, tandis qu'en Italie, où la répression est toujours moindre, Togliatti, malgré tout, se heurte aux intellectuels, notamment à Elio Vittorini et à sa revue *Il politecnico,* qui est condamnée pour « éclectisme ».

Aussi la déstalinisation est-elle d'abord accueillie avec un immense soulagement par les cadres supérieurs qui ne partageaient déjà plus pour certains d'entre eux la soumission totale et l'adulation religieuse pour le vainqueur de 1945. Mais, ici, les deux grands partis de l'Occident européen commencent à diverger profondément, après l'élimination, une dernière fois simultanée, de Lecœur et Secchia en 1954.

Palmiro Togliatti, qui se trouve au faîte de ses forces intellectuelles et morales, va utiliser la déstalinisation khrouchtchévienne pour mener la sienne propre, beaucoup plus fondamentale. Considérant le culte de la personnalité comme une explication insuffisante, il prend ses distances avec certains aspects du khrouchtchévisme, même s'il donne son soutien, ce qui lui coûtera cher en Italie, à la répression de l'insurrection hongroise. Il introduit tout de suite la perspective d'une démocratisation du communisme en Occident et rend cette fois totalement explicites les bases idéologiques critiques de ce qu'avait été le communisme des fronts populaires. Il va du reste progressivement théoriser l'indépendance vis-à-vis de Moscou, appelant aussi à rendre explicite ce qui « existait » potentiellement depuis les années 1930, le « polycentrisme », avec, en gros, la naissance de trois mouvements communistes distincts, l'un en Europe de l'Est, dirigé par Moscou, l'autre en Asie, dirigé par Pékin, et un troisième en Europe occidentale, dont lui-même, ancien secrétaire général adjoint de l'Internationale communiste, se serait bien vu, au grand dam de Maurice Thorez, être le chef naturel.

Non seulement les prétentions de Togliatti mais aussi l'existence d'un réformisme non communiste beaucoup plus puissant en France, incarné par Pierre Mendès France, entraînent Maurice Thorez, pourtant ardent défenseur des fronts populaires dans sa jeunesse, dans une voie différente, probablement aggravée par un état de santé défectueux et l'existence en France d'un noyau stalinien beaucoup plus dur et beaucoup mieux contrôlé par l'appareil soviétique. Thorez va donc commencer par freiner le processus d'*aggiornamento,* en inventant dès 1954 la théorie délirante de la paupérisation de la classe ouvrière. Il va « freiner des quatre fers » devant le XXe Congrès, faire acclamer le nom de Staline par Jacques Duclos à la Mutualité au mois de juin 1956 et s'opposer aux conséquences de la politique de Khrouchtchev avec, comme perspective, de participer au complot international visant à sa chute.

Or, c'est la grande surprise, Khrouchtchev ne chute pas malgré ce complot en juin 1957, bien qu'il perde la majorité du bureau politique, grâce à l'intervention de Joukov et de l'Armée rouge, qui, dans une sorte de coup d'État militaire masqué, permettent au Comité central de le réinstaller contre ses collègues. C'est la chute du « groupe antiparti » (Malenkov, Molotov, Kaganovitch et Vorochilov). Thorez, ayant été un soutien inconditionnel de ce groupe, est blessé à mort et craint pendant des années que l'URSS de Krouchtchev n'ourdisse à son tour des complots « libéraux » contre lui.

L'autre soutien du groupe antiparti n'est autre que Mao lui-même. En 1957, il avait prononcé un discours, deux mois après le lancement du Spoutnik, dans lequel il avait vu l'annonce que « le vent d'est était plus fort que le vent d'ouest », critique adressée à ce qui lui semblait être les timidités de la ligne khrouchtchévienne. Au lendemain de la chute du groupe antiparti, échaudé par les tentatives de libéralisation qu'il avait esquissées en 1956, les « Cent Fleurs », Mao rompt avec le khrouchtchévisme et décide une mesure d'un volontarisme qui nous renvoie directement au Staline de la grande époque, le « Grand Bond en avant », tentative de collectivisation totale des campagnes chinoises assortie cette fois, à la différence du stalinisme, d'une « industrialisation sur place » qui est un pur délire et entraîne des conséquences sans doute beaucoup plus graves encore en Chine qu'en Union soviétique, puisque nous y retrouvons les 25 millions de morts de la famine dans des conditions atroces, mais pas du tout l'industrialisation champignon à laquelle l'Union soviétique avait donné naissance en 1930.

D'une certaine façon, ce « Grand Bond en avant » met fin à la première carrière de Mao. À la différence de Staline, il ne maintient pas son contrôle sur l'appareil du parti. Liu Shaoshi, le « Kizov chinois », et les dirigeants pragmatiques qui, dès 1956, avaient commencé à prendre dans son ombre une importance croissante lui retirent la signature au lendemain du Grand Bond et commencent à engager la Chine sur la voie d'un relèvement pragmatique et discret dans les années 1961-1965.

Cette évolution, qui ne laisse plus à Mao que le contrôle de la politique étrangère, amène ce dernier à accélérer la dégradation des rapports de parti à parti et à ourdir une critique de plus en plus ferme de la politique soviétique. Celle-ci entraîne une rupture au début des années 1960, dans laquelle les Chinois se retrouvent avec les partis asiatiques et la petite Albanie d'Enver Hodja, qui craint, depuis 1956, d'être jetée au loup par Khrouchtchev sur l'autel d'une réconciliation totale de l'Union soviétique et de la Yougoslavie.

Grâce à cette rupture du mouvement communiste, Thorez va se trouver sauvé. Dans la violence et l'ampleur de la scission sino-soviétique, Thorez peut en effet renégocier avec un Khrouchtchev, qui le détestait pourtant, sa réintégration dans le concert prosoviétique. Khrouchtchev renonce à renverser Thorez et Thorez renonce à soutenir Mao. Lui-même aux prises avec la guerre d'Algérie, il ne peut nullement donner son blanc-seing aux thèses de plus en plus tiers-mondistes de Mao Tsé-toung.

C'est dans ces conditions que Thorez a les mains libres pour se débarrasser de Laurent Casanova, Marcel Servin et Maurice Kriegel-Valrimont. Ce dernier, ancien chef militaire de la résistance intérieure, avait écrit des textes antistaliniens très vifs, proches des thèses de Togliatti. Servin et Casanova préféraient les conciliabules discrets à Moscou et à Paris. Mais tous les intellectuels du parti (Picasso, Aragon, Joliot-Curie) avaient émis des critiques depuis 1956 et aspiraient à une déstalinisation profonde en France. L'UEC, l'Union des étudiants communistes, était devenue la première organisation politique dans la jeunesse française, exerçant à travers la « gauche syndicale » un contrôle important sur le syndicat étudiant UNEF. La totalité des dirigeants étudiants communistes vont alors devenir des adversaires résolus de la ligne de Maurice Thorez. On les retrouvera tous, les uns comme les autres, en mai 1968, infligeant une défaite stratégique au PCF qui entreprit là le chemin de sa décadence, là où le PCI, pourtant lui aussi confronté à la même contestation gauchiste, va maintenir des forces suffisantes pour contenir, endiguer et récupérer en grande partie ce mouvement.

Le même phénomène se produit en Allemagne de l'Est où Walter Ulbricht, pourtant détesté de Khrouchtchev, va obtenir en échange de son soutien mesuré dans la polémique sino-soviétique, l'élimination de son rival, le secrétaire antistalinien du comité central, Karl Schierdewan. Cette véritable restalinisation, Khrouchtchev la subit en serrant les dents, et quand il tentera de revenir en force, avec une politique allemande inspirée de Beria, dans les années 1963-1964, il sera trop tard pour lui.

Chapitre V

LES EMPIRES BARBARES

Jusqu'à la fin des années 1950, la scène sur laquelle se déroule le drame communiste, pays anglo-saxons exceptés, se joue sur les trois espaces définis dès le début des années 1920 : espace eurasien, c'est-à-dire l'Europe de l'Est et sa dominante russe, étendue à l'Ouest par les conquêtes de 1945 ; espace chinois présent depuis 1920, avec sa périphérie d'Asie du Sud-Est, le communisme japonais restant un parti ouvrier, parfois clandestin (de 1925 à 1945, et encore de 1951 à 1958), aux marges de la société japonaise ; et l'espace européen, avec son épicentre germanique jusqu'en 1933, puis un épicentre latin, à dominante française puis franco-italienne jusqu'à la fin des années 1950. Là se joue le drame du communisme. Tout le reste était demeuré anecdotique malgré la valeur des individus.

Les partis communistes latino-américains supportent ainsi difficilement leur subordination à une stratégie à dominante nord-américaine de Moscou, plus tard qualifiée de « browderisme », du nom d'Earl Browder, destitué par Staline pour ses audaces démocratiques dès 1944. Et ce malgré, là encore, la valeur intellectuelle de certains fondateurs, comme le Péruvien Mariategui, émule créole de Gramsci, ou le Mexicain Valenti Campa, remarquable syndicaliste.

Les communistes africains commencent à se développer dans les années 1930 mais à partir des partis métropolitains. Félix Houphouët-Boigny et les fondateurs du rassemblement démocratique africain (RDA), tous membres du PCF, vont utiliser le vide politique créé par l'effondrement du pouvoir colonial de Vichy en 1943, tout comme Aimé Césaire aux Antilles, pour créer les bases des premières forces inspirées du communisme mais visant essentiellement à regrouper la société colonisée.

En Afrique du Sud, de la même façon, les communistes blancs essentiellement juifs et irlandais, installés dans l'économie industrielle et liés au PC britannique, parviennent à prendre le contrôle d'abord du parti du Congrès indien, après le départ de Gandhi, puis à créer de toutes pièces un Congrès national africain (ANC) qui va devenir le réceptacle d'une génération de jeunes militants nationalistes (Albert Luthuli, Walter Sisulu et Nelson Mandela), formés aux idéaux du communisme mais avec une perspective à très long terme : renverser le pouvoir de la société coloniale sud-africaine.

L'intervention fasciste en Éthiopie donne un certain prestige à l'antifascisme communiste et va permettre par exemple à Willy Münzenberg, chef d'orchestre de la propagande de l'Internationale communiste jusqu'en 1937, d'organiser des congrès anti-impérialistes où sont dénoncées les ambitions de l'Italie et de l'Allemagne, et où participent la jeune Indira Ghandi, fille de Nehru, ou Jomo Kenyatta. Tous sont alors des sympathisants communistes, plus ou moins proches.

Un communiste antillais britannique, George Padmore, va devenir le responsable de l'Internationale communiste pour l'Afrique. Mais il ne s'agit là que de petites avant-gardes.

Dans le monde musulman, le communisme ne fait que de brèves incursions. Les communistes turcs qui ont toujours des écrivains à leur tête, de Nazim Hikmet au Kurde Yacher Kémal, ne parviennent guère à s'émanciper, puisqu'ils soutiennent à la fois le régime kémaliste tout en le combattant sur le plan international.

L'occupation soviétique au Nord de l'Iran va permettre un bref mais décisif essor du communisme iranien sous la forme du parti dit des masses (Toudeh). Les communistes iraniens sont malheureusement pris entre deux feux. Ils soutiennent en réalité le rattachement de l'Azerbaïdjan iranien de langue turque à l'Azerbaïdjan soviétique, donc un démantèlement du territoire iranien, proposé à Staline par Churchill, ce qui les amène à une ambiguïté très lourde, presque inverse de celle des communistes turcs envers leur révolution nationale et ses tentatives d'émancipation de l'impérialisme britannique, tel que l'incarne le démocrate libéral et laïque Mohammed Mossadegh à partir de la formation de son gouvernement patriotique de centre-gauche, en 1951. À certains moments, on voit bien les Soviétiques saboter les efforts de Mossadegh, les communistes en rajouter, utilisés cyniquement par le shah, pour donner de Mossadegh l'image d'un suppôt de Moscou qu'il n'est nullement. Finalement, l'échec de la révolution mossadeghiste et le retour du shah en 1953 entraînent une répression du parti Toudeh, mais aussi son discrédit durable dans les masses populaires, de sorte que les mouvements d'inspiration communiste resteront faibles lors de la révolution khomeyniste, en raison des crises successives que le communisme iranien traversera à la suite de cette occasion manquée.

Enfin, dans le monde arabe, le problème israélien pèse de tout son poids sur l'influence communiste, car le communisme y est très souvent assimilé aux juifs. De fait, même dans le monde arabe, nombreux sont les militants juifs des partis communistes, Henri Alleg en Algérie, Henry Curiel, fondateur du communisme égyptien, Léon Sultan, fondateur du parti marocain, avec une pléiade d'intellectuels juifs locaux ; le parti tunisien est également un parti fortement judaïsant. Quand ce ne sont pas des juifs, ce sont des chrétiens comme au Liban, en Irak et en Syrie, ou des Arméniens partout ; et quand ce ne sont ni des chrétiens ni des juifs, ce sont des kurdes, comme Khaled Bagdache, le « Dimitrov de la Syrie », qui réussit dans les années 1950 à se faire élire député de Damas et fut certainement de tous les communistes arabes celui qui a joué le plus grand rôle à Moscou. Au bout du compte, les communistes dans le monde arabe apparaissent comme de petites avant-gardes occidentalisées tournées vers l'Europe, même s'il s'agit de l'Europe de gauche, peu sensibles au renouveau de l'islam et souvent maladroites dans leur défense de l'Union soviétique. Mais, surtout, il ne faut pas oublier que Beria a imposé à Staline de soutenir l'indépendance d'Israël, ce qui pèse lourd, dans les années 1950, pour les nationalistes arabes, qui voient dans l'Union soviétique un partenaire peu fiable dans leur combat pour la liquidation de l' « entité sioniste ». Seule l'émergence de l'antisémitisme soviétique de masse, en 1950-1952, modifiera la perspective.

En Inde, Nehru a de la sympathie pour l'antifascisme dans les années 1930, et même pour le communisme soviétique, mais il se méfie énormément de Mao Tsé-toung et de ses visées hégémoniques en Asie, et n'a aucune intention de laisser au parti communiste de l'Inde un espace important à gauche du Congrès. Aussi, le communisme indien se divise-t-il très vite entre une aile gauche, là où les communistes sont électoralement puissants, c'est-à-dire au Bengale, au Kérala, et une aile droite là où les communistes ne sont qu'une petite force d'appoint, plutôt favorable à soutenir Nehru ou plus tard sa fille Indira contre les vieux notables semi-féodaux. Si la gauche regarde évidemment vers Pékin, l'aile droite regarde vers Londres et donc vers Moscou, et lorsque la rupture sino-soviétique est déclarée, peu après la mort du secrétaire général conciliateur Ajoy Ghosh, les deux ailes rompent. Néanmoins le parti pro-Pékin, dit parti communiste marxiste, ne franchira pas le pas supplémentaire que lui demandait Mao à partir de la révolution culturelle : le passage à la lutte armée. Il restera le parti au pouvoir au Bengale et au Kérala, le parti communiste de l'Inde restant lié à Moscou. Nehru lui-même commence à se déprendre de sa sympathie pour l'aile gauche marxisante du parti de Congrès à la fin de sa vie. Le parti communiste de l'Inde n'arrivera ainsi jamais à capitaliser, même sur l'alliance stratégique et militaire indo-soviétique des années 1970.

Le reste du Tiers Monde, en dehors de l'Indonésie et de la Malaisie qui connaissent des insurrections puis un mouvement paysan de masse à Java liés au communisme chinois, constitue une terre de mission pour le communisme. On y trouve de petites implantations, pas toujours négligeables sur les plans intellectuel et culturel ; la guerre d'Espagne a ramené au mouvement des intellectuels de grande valeur comme le Chilien Pablo Neruda ou les peintres muralistes mexicains, le colonel brésilien Luis Carlos Prestes qui avait pris le maquis dans les années 1930, une sorte de Mao sans idée de la forêt amazonienne, baptisé « chevalier de l'espérance », le grand écrivain communiste brésilien Jorge Amado, ou encore le géant mulâtre Carlos Marighela, qui passera à la lutte armée dans les années 1960, qui sont autant de figures qui, par certains égards, revêtent une importance, au moins littéraire.

Mais tout ceci ne sont que des esquisses. Le parti communiste dans tout le Sud de la planète est profondément « menchevik ». Il attend, par une révolution « prolétarienne » du Nord, les moyens de se trouver à son tour porté aux responsabilités et il est nettement plus réformiste, beaucoup plus occidentaliste et europé o-centré que les mouvements populistes qui naissent à la même époque et qui vont le dépasser en influence, l'entraîner, parfois le transformer.

Or, la fin des années 1950 est marquée par l'effondrement très rapide du système colonial occidental, condamné à mort par la fin de la Seconde Guerre mondiale et la volonté des États-Unis de le liquider au profit d'États indépendants qui sont incompatibles avec le maintien de la colonisation. Les populismes révolutionnaires ont donc la tâche relativement facile et peuvent aisément se subordonner les petites avant-gardes communistes.

À partir de 1956, le mouvement révolutionnaire arabe centralisé par l'Égypte nassérienne devient dominant. Dans le Maroc indépendant, Mehdi Ben Barka, chef de la gauche de l'Istiqlal, rompt avec le palais. En Algérie, le FLN, dominé par des nationalistes révolutionnaires nés du PPA de Messali Hadj, est quand même très profondément marqué par les conceptions communistes d'une société socialiste centralisée et les militants communistes venus tard à la lutte armée occupent néanmoins quelques postes d'influence, notamment intellectuels, dans ce mouvement qui est de toute évidence amené à prendre la succession de la colonisation française, avec Ben Bella.

En 1958, c'est le succès de l'insurrection cubaine de Fidel Castro, qui se veut héritière du libéralisme radical cubain de Chibas, et se voit tolérée initialement par la CIA et le FBI. Ce premier régime révolutionnaire s'installe à quelques encablures des États-Unis et, de façon inespérée et inattendue, va résister aux tentatives latino-américaines pour le renverser, la baie des Cochons de 1961 et la crise des missiles de Cuba de 1962.

Sans aucun doute, cet immense réveil qui doit atteindre son point d'orgue avec la décision plus ou moins coordonnée par l'Angleterre, la France et la Belgique de donner l'indépendance à la plupart de leurs colonies africaines dès 1960, an 0 de la décolonisation, aurait été accueilli avec plus de circonspection à Moscou si le mouvement communiste était resté uni. Mais la rivalité qui s'instaure entre Pékin et Moscou va créer une surenchère. Khrouchtchev est accusé de faiblesse par Mao Tsé-toung, il est l'objet de la vindicte lancinante de toute la génération stalinienne qui lui reproche d'avoir été trop loin dans sa critique du dictateur. Il lui faut donc montrer que son projet dynamique de communisme non stalinien est capable d'entraîner le Tiers Monde sur la voie de l'Union soviétique en damant le pion chaque fois qu'il le peut aux ambitions de Pékin, tandis que Mao, qui de son côté a perdu le contrôle de la politique intérieure après le Grand Bond, cherche dans une politique africaine démesurée au niveau de la Chine à rassembler un maximum de mouvements de libération qui, ayant rompu avec Moscou, seraient ensuite disponibles pour créer une Internationale révolutionnaire du Tiers Monde rassemblant tous les « pauvres de la terre ». Tito lui-même demeure à la même époque l'interlocuteur privilégié de l'Égyptien Nasser et de l'Indonésien Soekarno.

C'est l'époque où Lin Piao, le nouveau chef de l'armée chinoise, théorise l'idée selon laquelle « les campagnes mondiales encercleraient les villes mondiales », et que pourrait se réaliser à l'échelle de tout le Tiers Monde ce que la Chine était censée avoir accompli à l'échelle de sa seule réalité nationale. De jeunes intellectuels communistes d'origine coloniale, comme le Réunionnais Jacques Vergès, vont se faire l'écho de ces tendances avec une revue, *Révolution,* qui condamne à la fois le XXe Congrès et la faiblesse du PCF en matière de décolonisation. Le ralliement d'intellectuels français au FLN algérien comme le médecin antillais Franz Fanon commence à avoir un véritable écho, notamment en France, sur les jeunes révolutionnaires, souvent communistes, parfois trotskystes, qui se mettent au service du FLN algérien au début des années 1960 contre la direction du parti et sont surnommés les « porteurs de valises ». Le manifeste dit des 121, inspiré par Jean-Paul Sartre, va leur conférer un puissant écho.

Chez les intellectuels de formation marxiste et souvent influencés aussi par le christianisme social, très militant, en Italie, mais aussi au Brésil – l'Union des étudiants brésiliens entre en dissidence d'avec le parti communiste dès 1962-1964 –, les signes de craquement se multiplient.

À côté de ce dessein explicite de Mao, rappelons la position tout à fait particulière de Che Guevara, révolutionnaire argentin formé dans le trotskysme de son maître Silvio Farondizi, qui rêve d'une révolution garibaldienne et collectiviste, continentale, ne devant pas grand-chose à Moscou. Bien que Guevara ait soutenu, avec Fidel Castro, la rupture délibérée avec le capitalisme et les États-Unis et qu'il ait attendu l'aide soviétique comme une manne salvatrice, il demeure en permanence très critique vis-à-vis de la Russie et des pays de l'Europe de l'Est dont les habitants lui semblent uniquement intéressés par les biens matériels, et il est favorable à une ligne indépendante de Cuba, s'appuyant partiellement sur la Chine. Son incompétence économique et ses audaces le conduisent bientôt vers de nouvelles aventures congolaises, puis boliviennes, qui se terminent en tragédie.

Patrice Lumumba, le jeune révolutionnaire congolais, le plus prometteur, est assassiné par ses propres associés, dont Mobutu, au début de l'indépendance et sera bientôt un mythe que Soviétiques et Chinois essaient de s'arracher. Les premières insurrections dans les colonies portugaises, à partir de 1961, donnent aussi lieu à des combats acharnés pour leur contrôle. De même que la Chine subventionne un mouvement dissident de l'ANC en

Afrique du Sud, le Congrès panafricain (PAC), qui prend le contre-pied des positions conciliantes de l'ANC en matière raciale de manière à le mettre en difficulté avec les masses africaines.

C'est dans ces conditions que l'on assiste à la barbarisation du mouvement communiste. Les années 1960 sont marquées, en effet, par le recul du projet communiste démocratique, concomitant avec un surinvestissement des mouvements révolutionnaires du Tiers Monde, latino-américains et arabes notamment.

D'abord en Union soviétique. L'occasion de la chute de Khrouchtchev sera fournie par l'affaire des missiles à Cuba. En se lançant d'une façon inconsidérée dans une nouvelle stratégie de défense nucléaire du camp socialiste, contre l'armée traditionnelle dont il veut diminuer les effectifs, puis en faisant une promesse de Gascon, qu'il ne pourra tenir, à Fidel Castro, Khrouchtchev est le vrai vaincu de l'affaire des missiles. Kennedy y a montré sa fermeté, Castro son courage. En revanche, Khrouchtchev a surtout montré la vacuité de sa stratégie soviétique et la nécessité de rembarquer ses missiles, non défendus par une marine inexistante, et de renoncer à son plan, ce qui ne lui est pas pardonné par l'armée qui avait été jusqu'alors son principal bouclier face aux staliniens du parti. Il s'effondre en 1964 et est remplacé par une coalition hétéroclite mais où le conservatisme prédomine par rapport à ses ambitions certes brouillonnes mais plutôt bien intentionnées.

La chute de Khrouchtchev va aggraver et accélérer le processus de dégénérescence du mouvement communiste international. Certes les dirigeants de l'Union soviétique ne sont pas tous unis sur leurs objectifs. Ils s'arrangent pour mettre en avant le plus petit dénominateur commun, une sorte de numéro 0, Leonid Brejnev, un khrouchtchévien incertain qui garantit à chacun de maintenir les positions bureaucratiques telles qu'elles étaient au jour du coup d'État et représente finalement le poids moyen de cette génération de la guerre, obsédée par la sécurité, admiratrice sincère de l'armée.

Brejnev a procédé à un réarmement colossal de l'Union soviétique mais en même temps s'inquiète de temps à autre d'une restalinisation complète. Contre lui, deux adversaires, à droite et à gauche. La droite dans le système soviétique, ce sont les staliniens radicaux conduits par Boris Chélépine, l'homme qui dirige le KGB depuis 1961 et qui souhaite une réconciliation pure et simple, franche, avec Pékin. Il trouve paradoxalement en Chine avec Liu Shaoshi et d'autres dirigeants pragmatiques, une vraie complaisance car ceux-ci étaient tout aussi désireux d'arrêter la polémique et de revenir à des relations plus normales, nécessaires au pays sur le plan économique. Sur sa gauche, Brejnev trouve aussi des technocrates plus compétents comme Alexis Kossyguine. Celui-ci pilote une réforme économique visant à introduire des critères de marché qui aurait permis, si elle avait duré, de faire évoluer la Russie vers une moindre centralisation économique et un moindre gaspillage de ses ressources.

Brejnev ne veut ni de l'une ni de l'autre de ces stratégies alternatives, mais réussit à coopter dans les deux cas des staliniens et des réformateurs modérés. Stalinien modéré en effet que Mikhaïl Souslov, idéologue en chef sous le régime de Khrouchtchev, enfant chéri de Staline auparavant mais bien conscient qu'un retour pur et simple à 1953 n'était plus possible. Chélépine sera ainsi éliminé de son poste de dauphin, notamment sur la question de la réhabilitation de Staline. C'est l'adversaire le plus conséquent d'une réhabilitation de Staline avec le consentement de Souslov, dès 1965, le réformiste modéré Youri Andropov, qui reçoit la responsabilité des services secrets, le KGB, en 1967. Il s'efforcera de rationaliser l'instrument et de le débarrasser des violences de Chélépine mais, en revanche, le ralliement d'Andropov à Brejnev isole Kossyguine qui va se trouver, notamment au lendemain du printemps de Prague de 1968, désavoué dans ses réformes économiques. Il reste premier ministre mais, privé des moyens qui étaient les siens au départ, il s'étiolera dans les dix longues et interminables années du pouvoir brejnévien, qu'il passera encore à la tête du gouvernement.

La véritable intronisation du pouvoir brejnévien, c'est l'intervention soviétique en Tchécoslovaquie d'août 1968. La Tchécoslovaquie avait été le pays fidèle à Moscou par excellence, celui où une classe ouvrière de tradition sociale-démocrate et une intelligentsia slavophile, toutes deux traumatisées par l'abandon de Munich de 1938, avaient concouru à protéger le pouvoir communiste malgré le discrédit des grands procès antisémites de 1952 et l'incurie économique de la direction Novotny depuis 1954. La déstalinisation avait très lentement débuté en 1963 seulement, pour s'interrompre rapidement. Le printemps de Prague de 1968 sera donc tout à la fois un rattrapage et une amplification par rapport à Prague ou à la Hongrie. En fait, toutes les idées réformatrices nées du khrouchtchévisme s'expriment là une dernière fois avec une ampleur inégalée : décentralisation économique, socialisme de marché (Ota Sik), réhabilitation des victimes du stalinisme, notamment des écrivains, liberté d'expression, ouverture à l'Occident, mais tout cela dans le respect de la collectivisation.

Le printemps de Prague fut hélas un automne, celui des espoirs de l'après-guerre et d'une génération d'authentiques résistants, Alexandre Dubcek, Joseph Smrkovsky, Frantisek Kriegel, héros des Brigades internationales et de l'aide à la Chine qui, une dernière fois, manifesteront ainsi les potentialités démocratiques de ce qu'avait été en Europe l'espoir communiste de 1945. Ce faisant, ils manifesteront aussi l'incompatibilité de ce communisme-là avec le projet brejnévien dans son ensemble.

Après l'intervention en Tchécoslovaquie, la brisure est manifeste et totale avec le communisme occidental. Non seulement avec le PCI de Luigi Longo, devenu en 1964 le successeur de Togliatti, avec le PCE de la « Pasionaria » Dolores Ibarruri et de son coadjuteur Santiago Carillo, mais aussi avec le communisme français que Waldeck Rochet, figure complexe que Thorez avait dû coopter au moment de l'affaire Casanova, bien qu'il ait été un antistalinien discret depuis 1956, réussit, cette fois-ci, à extirper de sa fidélité autrefois fanatique à Moscou.

Et grande surprise, un bon nombre de communistes grecs, parmi les principaux dirigeants de la résistance intérieure, malgré les conditions de la dictature des colonels installée en 1967, se retrouvent sur la même ligne, celle de toute l'Europe du Sud-Ouest qui condamne l'intervention soviétique en Tchécoslovaquie, de même que les communistes britanniques et scandinaves.

On voit donc se manifester pour la première fois, un bloc communiste occidental solidaire à des degrés divers du printemps de Prague et hostile au système brejnévien. Devant cet échec, il est évident que la combinaison de militarisme et d'autoritarisme qui caractérise le pouvoir soviétique ne peut que conduire à compenser cette nouvelle perte de prestige international par une nouvelle fuite en avant, essentiellement dans le Tiers Monde.

Évidemment, le phénomène le plus considérable et le plus catastrophique des années 1960, c'est la révolution culturelle de Mao. La Chine, après l'échec de sa collectivisation, était grosse d'un affrontement au sein du parti communiste assez proche de celui que Staline avait connu dans les années 1930. Cet affrontement va effectivement avoir lieu entre Mao et Liu Shaoshi, redoublé d'un affrontement militaire entre Peng Dehuai, le ministre de la Défense qui avait critiqué le Grand Bond comme un affaiblissement de la Chine, et Lin Biao, tenant de la ligne militaire de Mao, un des plus brillants maréchaux de Chine, mais aussi le plus amer pour avoir été mis sur la touche par ses rivaux depuis des années.

En 1964, Mao, comprenant le danger que représentent pour lui la chute de Khrouchtchev et l'arrivée de Chélépine, donc la perspective d'une réconciliation sino-soviétique, hâte un coup d'État contre le régime de Liu Shaoshi avec des forces nationalistes et sectaires de l'armée. Au début de 1965, l'armée réinstalle Mao au pouvoir par un véritable putsch. Ce dernier entreprend, une fois rétabli par les baïonnettes à la tête du pays, une opération de répression sur une très grande échelle. Mais Mao n'est pas Staline. Il jouit à la fois d'une intelligence plus vaste et d'une plus haute folie. Authentique révolutionnaire romantique, il va vouloir un retour aux sources du communisme chinois vers les valeurs utopiques des années 1920, proches de l'anarchisme, mais plus encore des idées proprement chinoises, taoïstes, d'anomie créatrice et de remise en cause des pouvoirs établis. Il va jouer avec une violence inégalée le conflit des générations en jetant la jeunesse chinoise contre « le quartier général », la lançant sur les routes du pays pour remettre en cause la dictature du parti. Aussi, le néostalinisme maoïste a-t-il comme caractéristique de mobiliser contre l'ancien parti le ressentiment libertaire d'une partie de la jeunesse et des classes sociales qui avaient souffert d'un autoritarisme qui n'était autre que l'essence de tout régime communiste. Il répandait donc l'illusion d'une sorte de « purge semi-démocratique », alors que les premières victimes de l'orage seront les dirigeants les plus pragmatiques du pays. Le bilan des affrontements sera largement équivalent à celui du Goulag stalinien, même s'il n'en résultera pas la même démoralisation de la société.

Sous son travestissement libertaire, à partir de 1966, le début de la révolution culturelle exerce bien entendu une fascination très grande sur la jeunesse des pays développés comme à un moindre degré sur les mouvements communistes du Tiers Monde. Parvenue à ce point, elle se développe ainsi jusqu'en 1968, en même temps que la guerre du Viêt-nam, entreprise par le président américain Lyndon Johnson après l'assassinat de Kennedy.

En 1965, le parti communiste indonésien d'Aïdit, principal allié de la Chine, tente de s'emparer du pouvoir en Indonésie avec des alliés militaires dans l'entourage du président Soekarno que sa politique de gauche inepte a progressivement isolé dans le pays. Il échoue et c'est le contrecoup d'État de droite au sein de l'armée indonésienne qui aboutit au massacre de près de 500 000 communistes et sympathisants. En Malaisie, le communisme avait déjà été vaincu par les Anglais vers 1960, et le communisme philippin, le mouvement insurrectionnel Huk-Balajat, avait lui aussi été arrêté par une contre-insurrection menée par des experts formés aux États-Unis. La victoire sanglante de l'Occident en Indonésie accentue l'optimisme des forces contre-révolutionnaires asiatiques et de leurs soutiens américains qui se pensent enfin capables d'installer un régime de type sud-coréen à Saïgon, capable de développer rapidement la moitié du pays.

En fait, les Américains ne se donnent à aucun moment les moyens d'aider l'administration civile sud-vietnamienne, ni de bâtir les structures militaires d'une véritable contre-insurrection. Le communisme vietnamien, au départ très dépendant du communisme chinois, acquiert enfin une dynamique propre, et élargit dans cette bataille, qu'il remporte progressivement mais à un coût très élevé (offensive du Têt, en 1968), son alliance avec des mouvements apparentés au Laos, au Cambodge et jusqu'à la Thaïlande, montrant une capacité offensive qui fera l'admiration de toutes les forces révolutionnaires ou d'inspiration voisine dans le monde entier. Il entre en écho avec le grand mouvement d'émancipation des jeunes du « baby-boom » en Occident, qui culmine avec le pacifisme américain des campus entre 1966 et 1970. Celui-ci introduit sur la scène politique une nouvelle génération en décalage par rapport à la tradition communiste, la génération gauchiste.

Nous sommes là à l'apogée du tiers-mondisme, qui va bientôt régresser. Non seulement l'équipée de Guevara en Bolivie se termine lamentablement en 1967, mais la révolution culturelle à son tour se referme et trahit dans les faits l'insurrection vietnamienne en se refusant à lui conférer la moindre importance. Les leaders étudiants chinois sont soit désavoués, soit liquidés sommairement. Les violences atteignent un niveau insupportable (Shanghaï, Wuhan, cannibalisme au Kwangxi !) et on voit l'armée reprendre les choses peu à peu en main, soit disant en alliance avec Mao mais en réalité avec un Lin Biao de plus en plus en position de force. C'est ici que se situe le grand retournement de cette période tiers-mondiste, retournement décisif devant une révolution qui laisse la Chine pantelante. Deux lignes s'opposent désormais : celle du chef miliaire Lin Biao, qui souhaite en réalité se réconcilier lui aussi avec l'Union soviétique, peut-être même avec Taiwan, en tout cas arrêter la révolution culturelle et installer à sa place une dictature militaire ; et celle de Chou En-lai, le premier ministre, lui aussi tendu vers un retour à l'ordre mais qui, au contraire, veut barrer la route aux militaires et instaurer un meilleur rapport avec les États-Unis pour mieux s'opposer à Moscou. On connaît la suite. Lin Biao va essayer de renverser Mao ou peut-être est-il convaincu à tort de vouloir le faire. Il termine sa vie en 1971 au cours d'une équipée malencontreuse qui se termine dans le ciel de la Mongolie, en fuite vers Moscou.

Chou En-lai consolide alors son emprise sur un Mao désemparé et va imposer au « Grand Timonier », lui aussi convaincu du caractère prioritaire du danger soviétique, le grand tournant de la guerre froide : la réconciliation avec les États-Unis dès 1971, l'invitation de Nixon à Pékin en 1972 et l'abandon en rase campagne des Vietnamiens par la Chine.

Désormais, les Vietnamiens deviendront les plus fidèles alliés de l'Union soviétique en Asie, et le communisme chinois perd dès lors toute nature révolutionnaire en se repliant sur son espace propre. La disparition du communisme indonésien et la rupture brutale entre Pékin et Hanoi annoncent la fin du cycle communiste asiatique aussi sûrement que l'avènement de Hitler et la collectivisation mettaient fin au projet bolchevik originel. Il y manquait un crime immense, comparable à la famine ukrainienne de 1932 : ce sera l'holocauste des Khmers rouges au Cambodge, de 1975 à 1979, où un tiers de la population cambodgienne sera délibérément immolée sur l'autel d'un maoïsme pervers.

La lutte entre Chou d'un côté et les maoïstes retranchés autour du chef finissant tiendra en haleine les chroniqueurs des dernières années du règne de Mao. Chou En-lai fait revenir au premier plan l'ancien secrétaire général du parti, Deng Xiaoping. Malgré la mort prématurée de Chou En-lai, harcelé par les maoïstes, en 1975, malgré la mise à l'écart provisoire de Deng, la disparition de Mao, en septembre 1976, entraîne enfin la chute de sa femme et de ses pires séides, la « bande des Quatre ». La Chine est sauvée, mais retranchée du monde.

Du coup, le Tiers Monde, théâtre de la rivalité entre Pékin et Moscou, va devenir le bassin naturel d'expansion de l'influence d'une Union soviétique qui a perdu le mouvement communiste européen et qui, à Prague, a décidé de tourner pour de bon la page de la démocratisation poststalinienne.

Au travers d'une course démesurée aux armements, d'une politique navale d'une ambition folle menée par l'amiral Gorchkov, qui voulait doter la Russie d'un véritable empire maritime et africain, cette tiers-mondisation de la politique soviétique s'opère à un rythme accéléré de 1969 à l'infarctus afghan de 1979.

On peut dater le premier infléchissement tiers-mondiste de l'Union soviétique du début des années 1950. C'est Khrouchtchev le premier, impressionné par les potentialités révolutionnaires du nassérisme, qui force le petit parti communiste égyptien à se dissoudre, puis encore le parti communiste algérien dans le FNL en 1958. Très vite, les communistes cubains du PSP feront à leur tour allégeance à Fidel Castro, et sans se dissoudre les communistes syriens et irakiens suivront assez docilement les branches locales du parti Baas, malgré des spasmes de révolte cher payés. De plus en plus, Moscou va chercher à se rallier directement tout le Tiers Monde autoritaire dans un rapport de rivalité explicite avec Pékin et de compensation implicite pour sa perte d'influence dans le mouvement ouvrier de plus en plus démocratique du monde développé. L'échec de Guevara, suivi de la capitulation économique de Fidel Castro en 1970, rend les révolutionnaires cubains de plus en plus isolés du reste de l'Amérique latine dans leur île assiégée, de plus en plus accessibles à cette nouvelle stratégie moscovite.

Il se forme ainsi un front uni des militaristes cubains, des régimes populistes nationalistes du monde arabe, dont le principal devient, après la mort de Nasser en 1970, la Syrie de Hafez Assad, des Vietnamiens déçus de la Chine, des néo-staliniens militaires et policiers soviétiques, des antisémites russes et de l'état-major de la marine de Gorchkov, pour formuler une théorie offensive de la lutte contre l'Occident, qui semble devoir reprendre les idées de Lin Biao, au moment même où son auteur disparaît, en route pour Moscou : guerre des campagnes mondiales contre la « Ville impérialiste mondiale », mais cette fois avec les moyens technologiques (arsenal nucléaire, flotte de guerre, réseau du KGB) de l'Empire soviétique.

Le tournant a lieu en 1974-1975, avec simultanément la victoire totale des communistes vietnamiens, l'effondrement interne de l'Empire éthiopien, la chute du régime fascisant portugais et l'évolution rapide de ses colonies, ainsi que le premier choc pétrolier, qui donne à Anouar Sadate, successeur de Nasser en Égypte, les moyens d'expulser totalement les Soviétiques d'Égypte mais aussi à Assad et à son fantasque allié libyen Kadhafi les mêmes moyens financiers pour une contre-offensive terroriste au Liban et ailleurs.

Contre l'avis de Youri Andropov qui se débat avec son fils spirituel, l'Allemand Markus Wolf contre le soutien de Moscou aux groupes terroristes allemands et italiens (RAF de Baader et Brigades rouges), la direction brejnévienne choisit de punir l'Occident par des attentats, de faire exploser la Turquie en relançant les questions kurde et arménienne, et de se doter d'un vaste Empire africain avec l'aide des communistes portugais mobilisés à cet effet pendant la « révolution des Œillets » de 1974-1975. La marine de Gorchkov et les tirailleurs de Castro fourniront en effet à Brejnev un domaine africain de dimensions victoriennes : une moitié de l'Angola, le Mozambique, l'Éthiopie, et même le Bénin, le

Congo-Brazza, la Guinée-Bissau et Madagascar formeront une couronne de fruits tropicaux pour le brejnévisme agonisant. Ils s'ajoutait à la Syrie la moitié du Liban, la Libye, le Yémen du Sud et, après 1978, l'Afghanistan au Moyen-Orient, le Viêt-nam, le Laos et, après 1979, le Cambodge en Asie, Cuba, le Nicaragua, la Grenade et le Surinam dans la Caraïbe. Le Festival de la jeunesse de Berlin, en 1980, sera l'Exposition coloniale de ce moment de démence très particulier, et la communiste américaine Angela Davis, sa Joséphine Baker.

Nous voici donc en 1979, dans une période d'apparente consolidation d'un communisme barbare qui a pourtant perdu en Occident, et même ailleurs, notamment en Chine, ses derniers attraits intellectuels et est devenu en Russie un régime de petits-bourgeois autoritaires, antisémites et nationalistes. Tout cela ne l'empêche pas pour autant de trouver des relais faciles dans un Tiers Monde en plein désarroi qui, à la fin des années 1970, cherche encore sa voie et pense la trouver à Moscou. La Chine elle-même a hésité pendant deux ans avec le premier successeur de Mao, Hua Kuofeng, sur le chemin à suivre. Elle est peut-être en mesure, un jour ou l'autre, d'oser une réconciliation avec Moscou qui semblera à plusieurs reprises à portée de main, et que souhaite la partie la plus conservatrice des alliés de Deng Xiaoping, notamment le grand planificateur des années 1950, Chen Yun, revenu au pouvoir à Pékin, après la mort de Mao. Nombreuses sont alors les voix en Occident qui mettent en garde contre le « danger immédiat » (Jeanne Kirkpatrick et les « néo-conservatives » américains) qui annoncent en tremblant l'agonie des démocraties (Jean-François Revel). Et pourtant, malgré cette apparente solidité, brutale, militaire et terroriste du mouvement communiste, dix ans vont suffire à le ruiner.

Chapitre VI

LES SIX MORTS DU COMMUNISME

« Nos péchés, disait Agatha Christie, ont de longues ombres. » La mort du communisme, comme celle d'un être humain, se profile de longue date sur un corps sain en apparence. On peut en toute première approximation considérer la crise terminale du mouvement communiste à travers six portes successives, qui ouvrent sur une décomposition finale, qui, pas plus que la phase ascendante, ne nous livre un résultat homogène.

Première mort au ciel des idées (1956-1976). – Pendant vingt ans, en effet, le marxisme s'effondre comme projet intellectuel, malgré des efforts sérieux pour le sauver du naufrage du stalinisme. Pendant l'automne 1956, le peuple polonais allié à son intelligentsia de gauche et à la fraction nationaliste du parti communiste impose à Moscou un repli stratégique sans précédent ; le peuple hongrois dans la même configuration s'efforce lui aussi, sous la pression de communistes réformateurs, Imre Nagy, le philosophe György Lukács ou le colonel « espagnol » Maleter, de reconquérir son indépendance et d'instaurer une sorte de démocratie des soviets, plus ou moins inspirée de l'autogestion yougoslave de Tito. Il est écrasé militairement, mais Khrouchtchev se laissera convaincre par l'ambassadeur Andropov de permettre à Budapest l'instauration d'un pouvoir réformateur qui recherchera l'apaisement, celui de Janos Kadar, associé presque jusqu'au bout à Nagy qui, lui, sera pendu en 1959 sur l'insistance des dirigeants chinois.

Ces événements donnent le coup d'envoi au mouvement des « intellectuels communistes » : jusqu'alors, ces derniers ne revendiquaient aucune autonomie. À partir de 1956, ils vont au contraire donner naissance à une pléiade d'œuvres critiques qui, certes, défendent la validité de l'espérance socialiste, mais entendent la dégager de toute subordination à la stratégie politique des partis, de toute soumission au pouvoir. Même la Chine, avec les « Cent Fleurs » de 1957, a été précocement touchée par ce mouvement, vite combattu par l'appareil, mais très fécond intellectuellement. Principales cibles : la dialectique hégélienne qui, mise à toutes les sauces, légitime l'éclipse de la raison scientifique : Kedrov à Leningrad ; la revue *Po Prostu* de Kolakowski et Baczko à Varsovie, le philosophe des sciences Arnost Kolman ; le dernier Lukács revenu à Budapest à partir de 1967 avec ses jeunes disciples ; les philosophes allemands Ernst Bloch et Hans Maier, exilés à l'Ouest après 1956 ; les Italiens Galvano della Volpe et Colletti et, *last but not least,* le Français Louis Althusser apparaissent tous au départ de ce courant néoclassique qui pourchasse la « vérité de parti » au nom de la science retrouvée. Même Togliatti se retrouvera débordé et fera fermer la revue marxiste du PCI, *Società,* en 1961, dirigée par della Volpe.

Parallèlement, le retour à l'économie politique réhabilite sur le plan théorique le rôle du marché et entend réduire, là aussi, la part de subjectivité dans la planification : né en Pologne dans le groupe des anciens, socialistes de gauche Plomienie, avec Oskar Lange et Mihal Kalecki, ce courant « socialiste de marché » cherche à inventer une troisième voie, à la fois collectiviste et libérale en économie, qui inspire les réformes d'Ota Sik en Tchécoslovaquie en 1967, celle de Reszö Nyers en

Hongrie dès 1964, les tentatives avortées de Liberman et Fedorenko en Union soviétique. Même utopiques – elles contournent allégrement les problèmes de propriété du capital –, ces tentatives ruinent la croyance dans l'efficacité du Plan, déjà érodées quotidiennement par la vie pratique du « socialisme réel ». Avec l'affaiblissement de la discipline dans les grands partis occidentaux, les départs et marginalisations – relatives de pays à pays – se multiplient. Le PCF en particulier perd ses derniers grands intellectuels en 1969-1970 (Jean-Pierre Vernant, Madelaine Rebérioux, après avoir égrené ses cadres étudiants depuis 1956, tandis que le PC espagnol expulse Jorge Semprun et Fernando Claudin en 1965-1966, deux ans seulement avant d'adopter leurs propres thèses « révisionnistes ». Le communisme est à peu près mort conceptuellement en 1970.

Deuxième mort : l'échec de l'euro-communisme (1973-1979). – Le lointain Chili se lance en 1970 dans une ultime et catastrophique expérience de Front populaire, directement inspirée des exemples français et espagnol de 1936. Après trois années chaotiques, le courageux président socialiste Salvador Allende trouve la mort, en septembre 1973, dans le coup d'État du général Pinochet, généreusement appuyé par les États-Unis. Deux mois plus tard, le secrétaire général du PCI, Enrico Berlinguer, propose sa lecture des événements chiliens en prônant une prise de pouvoir concertée avec la Démocratie chrétienne (le « compromis historique » inspiré de Cavour), le respect des alliances internationales et même, un peu plus tard, une politique d' « austérité volontaire » de marque franciscaine que lui inspire le chef des catho-communistes Franco Rodano.

L'eurocommunisme, expression du journaliste italo-croate Frane Barbieri, est né. Bientôt, le parti communiste français de Georges Marchais, lié par un accord de programme commun avec le parti socialiste de François Mitterrand depuis 1971, se rapproche enfin, sous l'impulsion de son mentor Jean Kanapa, du parti communiste italien, ces deux derniers partis soutenant la ligne réformiste du parti communiste espagnol de Santiago Carillo. La révolution portugaise de 1974 porte au pouvoir un mouvement des forces armées fortement noyauté par le parti communiste portugais, ultra-stalinien, et même par le KGB soviétique. Dans la confusion générale, les communistes portugais cherchent à confisquer le pouvoir et à empêcher l'instauration de la démocratie : ils sont désavoués, explicitement par Berlinguer et Carillo ; implicitement, après moult hésitations, par Marchais lui-même. Puis, à la mort de Franco à l'hiver 1975, Carillo s'installe à Madrid sans que personne ne l'arrête et négocie directement, avec le roi Juan Carlos et le Premier ministre libéral Adolfo Suarez, l'installation de la démocratie.

L'eurocommunisme semble être une force considérable fin 1975. Pourtant, en trois ans, c'est la déroute : alors que les staliniens portugais s'effondrent avec fracas, les électeurs espagnols, avec l'ingratitude sublime des peuples démocratiques, préfèrent largement les socialistes à Carillo, véritable père de la liberté retrouvée, les Brigades rouges assassinent le leader démocrate-chrétien Aldo Moro qui voulait mettre en œuvre le « compromis historique » avec une étonnante facilité, qui confirme les importantes complicités américaines et soviétiques dont ils bénéficient alors. L'intégration du PCI à un gouvernement d'union nationale est brisée. Les Soviétiques reprennent au même moment le contrôle du parti communiste français en jouant sur les faiblesses, notamment biographiques, de Georges Marchais. Le programme commun est ainsi rompu à la veille des élections générales de 1978.

Désormais, c'est chacun pour soi. Seul, le parti communiste italien survivra comme grand parti, de moins en moins communiste, de plus en plus divisé après la mort d'Enrico Berlinguer en 1984.

Il n'y a plus de projet communiste quel qu'il soit en Europe occidentale dès cette date. Les divers partis socialistes se subordonnent peu à peu les organisations et les hommes qui en sont issus dans la décennie 1980.

Troisième mort : la seconde révolution culturelle chinoise. – En 1978, Deng Xiaoping écarte du pouvoir Hua Kuofeng et engage enfin la Chine sur la voie des grandes réformes. Longtemps homme de confiance de Mao, Deng, qui a beaucoup souffert de la révolution culturelle, en partage néanmoins le radicalisme foncier : au lieu de rétablir le vieux parti communiste dans ses meubles, comme l'espéraient les vieux cadres qui lui accordent un soutien conditionnel par peur d'un retour des maoïstes, Deng organise de main de maître une révolution culturelle capitaliste fondée sur une émancipation complète de la paysannerie par décollectivisation de l'agriculture, et sur l'appel patriotique au capitalisme *diasporique,* fondé sur la récupération de Hong-Kong et un début de dialogue avec Taiwan.

Loin d'être un tentative de « socialisme de marché » à la hongroise, la réforme de Deng réintroduit tout simplement le capitalisme pur et simple, sous la forme de la petite entreprise privée, agricole puis urbaine. Le succès foudroyant de la réforme, qui introduit une croissance record de l'économie et une dépendance considérable vis-à-vis du marché mondial par les exportations, exerce très vite une fascination sur tout le monde communiste. Elle s'accompagne à l'extérieur d'un renforcement de l'alliance américaine conçue par Chou En-lai. Seule la démocratie demeure un point d'interrogation. Tour à tour, les deux dauphins désignés par Deng, Hu Yaobang puis Zhao Ziyang, chercheront à la faire progresser pour se heurter là à une forte résistance de la vieille garde.

En 1989, à Pékin, à l'annonce de la mort de Hu Yaobang disgracié trois ans plus tôt, la jeunesse estudiantine occupe la place Tienanmen pour venir notamment en aide à Zhao Ziyang également menacé par les mêmes forces bureaucratique et gérontocratiques. Les enfants choyés du régime érigent ainsi la statue de la démocratie afin de mourir comme Gavroche. Le communisme est à son tour mort en Chine. Mais le parti, qu'il vaudrait mieux baptiser dès lors de « révolutionnaire institutionnel », comme au Mexique, survit à cette mort en combinant habilement politique de répression – relativement contrôlée – et capitalisme – de plus en plus débridé.

Quatrième mort : la faillite de l'appareil soviétique et l'arrivée du syndic, Youri Andropov. – Très vite, l'édifice soviétique commence à son tour à se lézarder. Dans l'histoire russe, la désagrégation interne est toujours corrélée à un choc externe grave : guerre de Crimée, abolition du servage, guerre avec le Japon, révolution libérale de 1905, etc. Ici, c'est la combinaison explosive d'une insurrection islamiste irréductible à courte échéance en Afghanistan et d'un mouvement syndical et intellectuel de masse en Pologne, qui rend perceptible, tout au long de l'année 1980, le caractère intenable de la fuite en avant du groupe Brejnev, désormais placé dans une situation de récession économique aggravée, installée en réalité depuis 1976, mais de plus en plus sensible.

C'est alors que se noue au cœur du régime l'alliance droitière de l'état-major du KGB (Youri Andropov), de quelques réformateurs militaires hostiles à la surextension dans le Tiers Monde et au primat conféré à la marine (Nikolaï Ogarkov), des technocrates militaires inquiets des retards accumulés par la recherche et l'industrie soviétiques, et de la génération des cadres du parti contemporains du XXe Congrès et peu convaincus de la légitimité de l'héritage stalinien : les *Institutniki* des divers centres de recherche, souvent liés au KGB.

Ce groupe « aristocratique » organise une sorte de révolution par le haut en discréditant Brejnev, sa famille et ses amis, en ridiculisant la marine et en poussant sur le devant de la scène polonaise leur créature, le général Wojciech Jaruzelski, contre Edward Gierek, l'homme de Brejnev à Varsovie. La révolution par en haut d'Andropov n'aboutit cependant à aucun résultat positif, son auteur n'ayant disposé que d'une courte année pour régner (1982-1983) et punir les véritables auteurs de l'attentat de Rome contre le pape en mai 1981, qui avait marqué le point d'orgue du terrorisme d'État soviétique. La maladie vient frapper Andropov en février 1984 et redonne une année de sursis aux brejnéviens, avec Tchernenko. Mais la petite « terreur antistalinienne » de Youri Andropov a plongé l'appareil dans la prostration : nul n'osera opposer de résistance à un Gorbatchev, plus humain, après 1985.

Cinquième mort : la perestroïka. – Le voici enfin, le fils véritable qui ne sera jamais père que d'une révolution manquée. Gorbatchev avait été désiré par des millions d'hommes depuis peut-être cinquante ans quand il arrive au pouvoir en 1985 : un prince qui pense comme un philosophe et qui provient du peuple. Rouge, fils de paysan rouge de 1917, bénéficiaire de l'authentique promotion sociale et intellectuelle du régime dans ce qu'il a de meilleur, ami d'études de Zdenek Mlynar, l'inspirateur exilé à Vienne du printemps de Prague de 1968 aux côtés de Dubcek, Gorbatchev a toutes les cartes en règle pour les deux camps en présence : l'appareil du parti qui l'a tôt sélectionné et les intellectuels communistes qui rêvaient de réforme et de liberté.

Avec un enthousiasme tolstoïen, il promettra tout à tout le monde... et tiendra ses promesses, à sa manière. La dose massive de démocratie qu'il injecte tout de suite après la catastrophe de Tchernobyl en 1986 va effectivement paralyser chaque mois davantage un appareil du parti qui ne fait plus peur... et qui se prend à espérer que le bon Gorbatchev le défendra toujours. La réforme décentralisatrice qu'il impose à l'économie prive bientôt le centre de toute ressource fiscale et annonce l'anarchie des privatisations sauvages, tout en préparant l'éclatement du territoire soviétique. L'armistice global conclu avec l'Occident ôte à la militarisation de l'empire toute signification et toute justification. Bientôt, l'élection du Soviet suprême de 1989 au suffrage semi-universel sera l'équivalent, à deux siècles de distance, de la réunion des États généraux de Versailles.

Il restait le clan des satrapes du glacis occidental : le Bulgare Jivkov, vieil ami intime de Brejnev, compromis avec sa fille dans l'attentat contre le pape de 1981, le Roumain Ceaucescu, despote borné et inclassable, le Slovaque Husak, qu'il liquide dès 1987, et surtout l'Allemand Honecker, gonflé de son importance pourtant déclinante. Gorbatchev va s'efforcer de les désarmer en minant leur autorité grâce à l'image libérale de l'URSS voisine où la démocratie émerge dès 1988, et aux menées subversives du KGB, mobilisé partiellement pour la première fois depuis la guerre d'Espagne pour la cause de la liberté ; on lui doit en particulier la chute de Jivkov puis celle, plus romanesque et baroque, de Ceaucescu en 1989.

C'est miracle si la visite de Gorbatchev à Pékin, au printemps 1989, n'entraîne pas à son tour la faillite du parti frère chinois. Le futur président Jiang Zemin traitera dans sa colère Gorbatchev de « trotskyste ». Disons plutôt que Gorbatchev a vécu, dans sa plénitude et sa générosité de héros tolstoïen au bord du comique de situation, la contradiction sublime entre communisme et liberté. Et pour avoir permis tout de suite ce paradis, quelques jours avant l'enfer de la transition au capitalisme, il demeure durablement rejeté par son peuple, qui ne le déteste pourtant pas, reconnaissant en lui trop de traits qui lui sont consubstantiels.

Sixième mort : Boris Eltsine ou l'anarchie créatrice et sombre. – Parvenus à ce point, nous contemplons le sixième jour de l'Apocalypse : le réveil des nations. Dans un monde collectiviste et planifié, où toute concurrence entre sujets économiques est évacuée, la répartition purement politique des biens rares et des capitaux occasionne un combat permanent entre les territoires. Pour peu que ces territoires soient eux-mêmes dépositaires d'une tradition ethnique particulière, et voilà l'antagonisme ancien qui reprend vie, voire l'antagonisme nouveau qui se fait jour. Bien des bureaucrates menacés réussissent, au passage, à retrouver un rapport politique avec leurs sujets en exaltant leur particularisme national, et en faisant passer au second plan leur identité communiste.

L'opération avait déjà servi en son temps à Enver Hodja en Albanie et à Ceaucescu (auparavant à Gheorghiu-Dej) en Roumanie. Elle apparaît en pleine force désormais, un peu partout sur le territoire soviétique, ainsi qu'en Yougoslavie où l'exercice du pouvoir par des communistes réformateurs héritiers de Tito laisse toute l'opposition à des forces nationalistes peu, ou pas, démocratiques. Des régions traumatisées par les guerres, comme les trois pays Baltes, l'Ukraine occidentale, catholique et uniate, l'Arménie, turcophobe et enclavée, sont les premières à réagir. Mais la surprise vient de

Russie : fatiguée du poids de l'empire, la grande Russie est la première à vouloir s'émanciper du « centre » moscovite et se réinventer un nouveau destin de liberté, guidée par deux hommes aussi dissemblables que possible, le physicien Andreï Sakharov et l'apparatchik touché par la grâce (et l'ambition), Boris Eltsine.

Lénine avait triomphé sans gloire de l'idéalisme creux de Kerensky et des pulsions anarchiques des moujiks en révolte à la Makhno. Il n'était que philosophiquement juste que le dernier carré de ses fidèles, les putschistes antigorbatchéviens de l'été 1991, soit terrassé par l'ébriété allègre du nouveau président de Russie et l'éthique exigeante des Moscovites désormais délurés par quatre ans de démocratie d'opinion presque complète, et se réclamant du double héritage libéral et chrétien de Sakharov et Soljénytsine.

Né dans la plus grande tragédie du siècle d'hommes sérieux jusqu'au désespoir, qui s'étaient donné l'ascète Rakhmetov inventé par Chernichesky dans *Que faire ?* comme modèle, le communisme s'achevait au cœur d'un été en opéra bouffe enfin comique. Il avait été la grande querelle du XXe siècle.

Il nous laisse beaucoup de chansons, peu de pensées, beaucoup d'art, moins de concepts, de l'héroïsme et de l'infâmie ; trois immenses artistes, Picasso, Chostakovitch, Visconti ; quatre des plus grands écrivains du siècle, Maïakovsky, Brecht, Lu Xün et Aragon ; et quatre économistes de valeur, Sraffa, Lange, Kalecki et Kantorovitch ; et puis, s'envolant à la nuit, trois philosophes de l'ambiguïté et du double entendre, Kojève, Althusser et le caméléon Lukàcs, que Thomas Mann avait dès 1920 immortalisé en en faisant le Nafta de *La Montagne magique.*

Comme dans le *Don Juan* de Mozart, le souper avec le commandeur s'ouvre sur la béance de l'Inaccompli.

BIBLIOGRAPHIE

D'une bibliographie absolument immense, nous avons, avec une injustice totale et un préjugé très certain en faveur de la langue française (parfois l'anglais), sélectionné les titres suivants, qui sont autant de grands classiques historiographiques.

Besançon (A.), *Les origines intellectuelles du léninisme*, Paris, Calmann-Lévy, « Archives des sciences sociales », 1977.

Bialer (S.), *Stalin's heirs,* Harvard University Press, 1979.

Borkenau (F.), *Spanish Cockpitp, sur les conflits sociaux et politiques en Espagne (1936-1937),* trad. de l'anglais par Michel Petris, Paris, Ivréa, 1979.

Broué (P.), *Révolution en Allemagne,* Paris, Éditions de Minuit, 1966.

– *Histoire de l'Internationale communiste,* Paris, 1998.

Carr (E. H.), *La révolution russe* (les 3 premiers volumes ont été traduits en français à partir de 1958).

– *La révolution bolchevique,* Paris, Éditions de Minuit, 1967-1971.

(Neuf autres volumes sont disponibles en anglais, les derniers *Foundations of a Planned Economy,* en collaboration avec R. W. Davies, Cambridge University Press.)

Carrère d'Encausse (H.), *L'Empire éclaté*, nouv. éd., Paris, LGF, 1990.

– *Le pouvoir confisqué : gouvernants et gouvernés en URSS*, Paris, Flammarion, 1980.

Ciliga (A.), *Dix ans au pays du mensonge déconcertant*, Paris, Ivréa, 1977.

– *Crise d'État dans la Yougoslavie de Tito*, trad. Antoine Poli, Paris, Denoël, 1977.

Conquest (R.), *La grande terreur : les purges staliniennes des années trente,* trad. de l'anglais par Marie-Alyx Revellat, Claude Seban, Paris, Robert Laffont, 1995.

Furet (F.), *Le passé d'une illusion* : *essai sur l'idée communiste au XX*[e] *siècle,* Paris, Laffont/Calmann-Lévy, 1995.

Fainsod (M.), *Smolensk sous Staline*, Paris, Fayard, 1964.

How the Soviet Union is governed, en collaboration avec Jerry Hough, Harvard University Press, 1978.

Guillermaz (J.), *Histoire du parti communiste chinois*, 2 vol., Paris, Payot, 1973.

Kriegel (A.), *Communisme au miroir français : temps, cultures et sociétés en France devant le communisme,* Paris, Gallimard, « Bibliothèque des histoires », 1974.

– *Les communistes français : 1920-1970,* sous la dir. de Guillaume Bourgeois, Paris, Le Seuil, 1985.

– *Les grands procès dans les systèmes communistes : la pédagogie infernale*, Paris, Gallimard, 1972.

Lacouture (J.), *Ho Chi Minh*, Paris, Le Seuil.

Spriano (P.), *Storia del partito communista d'Italia,* 5 vol., Einaudi, de 1967 à 1975.

Shapiro (L.), *Le parti communiste soviétique*, Paris, Gallimard, 1961.

Schurmann (F.), *Ideology and Organization in Communist China*, Stanford University Press.
Tatu (M.), *Le pouvoir en URSS*, Paris (*Le frère rouge*, rééd., 1997).
Vaksberg (A.), *Hôtel Lux : les partis frères au service de l'Internationale communiste*, trad. du russe par Olivier Simon, Paris, Fayard, 1993.

Parmi les grandes biographies :

Boukharine, par Cohen (S.), Princeton University Press, 1966.
Lénine, par le menchevik Shub (D.), éd. revue, Paris, Gallimard, 1972 ; ou par l'Américain Fischer, « 10/18 », UGE, 1973.
Rosa Luxemburg, par Nette (J.-P.), Paris, Maspero, 1971 et Badia (G.), Paris, Éditions Sociales, 1977.
Mao Tsé-toung, par Schramm (S.), Paris, Le Seuil.
Trotsky, par Broué (P.), Paris, Fayard, 1988 ; et par Deutscher (I.), UGE, « 10/18 », 1978.
Staline, par Deutscher, 1955, puis Robert Tucker, 3 volumes parus entre 1971 et 1988, et enfin Edvard Radzinsky, Random House, 1989.

Parmi les grands documents d'archives publiés, retenons :

Dimitrov and the Communist International, Archives publiées par le Centre de Stanford, Stanford University Press, 1999.

TABLE DES MATIÈRES

Imprimé en France
Imprimerie des Presses Universitaires de France
73, avenue Ronsard, 41100 Vendôme
Mars 2001 — N° 48 090